美在天真

新凤霞自述

新凤霞 著

山东画报出版社

图书在版编目（CIP）数据

美在天真：新凤霞自述/新凤霞著. —济南：山东画报出版社，2018.4
　ISBN 978-7-5474-2455-1

　Ⅰ.①美… Ⅱ.①新… Ⅲ.①新凤霞（1927-1998）—自传 Ⅳ.① K825.78

中国版本图书馆 CIP 数据核字（2018）第 050117 号

责任编辑	王一诺
装帧设计	王　钧
出 版 人	李文波
主管部门	山东出版传媒股份有限公司
出版发行	山东画报出版社
社　　址	济南市舜耕路 42-1 号　邮编　250002
电　　话	总编室（0531）82098470
	市场部（0531）82098479　82098476（传真）
网　　址	http://www.hbcbs.com.cn
电子信箱	hbcb@sdpress.com.cn
印　　刷	山东临沂新华印刷物流集团有限责任公司
规　　格	150 毫米 ×228 毫米
	7.875 印张　29 幅图　150 千字
版　　次	2018 年 4 月第 1 版
印　　次	2018 年 4 月第 1 次印刷
印　　数	1-30000
定　　价	28.00 元

如有印装质量问题，请与出版社总编室联系更换。

新凤霞（1927-1998），评剧"新派"创始人，被誉为"评剧皇后"，通过《刘巧儿》《花为媒》《杨三姐告状》《祥林嫂》等为广大百姓熟知。创作《新凤霞回忆录》《以苦为乐》《少年时》《我与皇帝溥仪》《新凤霞说戏》等。艾青评价新凤霞——"美在天真"。

美 人 娘
——代序

又是一年春草绿，又是一年春雨滴。

草长莺飞的季节，使我想起，1998年的这个季节，我亲爱的母亲猝然远去。那一年的初春雨水浓，天公淅淅沥沥不断地流泪，母亲那颗优美的灵魂在如泪般的烟雨朦胧中回归天堂。

我越来越坚信，我的母亲新凤霞是一个圣女，造物者将她如种子一般撒向人间，意欲要她开花要她结果，要她传递人生中最美好的信息。这正是在母亲离去时众多亲朋挚友滂沱的泪河当中，我是流泪最少的人的原因，感谢美好不该用眼泪，而应该用微笑。

母亲真美。她年轻时候的朋友对我说，出身贫穷的母亲是一朵塘中莲花。不在乎她用面粉袋改做的衣服如何粗糙，不在乎粗布上自染的颜色如何层次不一，走在任何地方她都是引人注意的目标。她美丽的脸庞上有弯弯高挑的眉，深邃多情的眼，笔直玲珑的鼻，线条清晰微微翘起的嘴。她完美的身上找不到缺欠，美丽原来就是这样，天地的灵秀独独钟情于一人。

一条清丽柔和、纯净如涓涓泉水般的嗓子注定了母亲的演唱生涯。

她从六岁起迷上了舞台，不顾父母的阻拦，利用各种机会寻求登台表演的条件。幼年的母亲是天津街头拾煤渣的穷苦孩子当中的一个，然而她懂得在帮助劳累一天的父母后，跑老远的路到刚刚开锣的戏园子里去看戏。花花绿绿的舞台上有千变万化、色彩绚烂的歌唱和舞蹈，生、旦、净、末，唱、作、念、打，道不尽的神奇，说不完的魅力。一次一次的争取，一次一次的努力，父母不忍让女儿到戏班子里挨打受骂，但却挡不住女孩子心中的自然之力。她学京剧、学昆曲、学大鼓、学梆子、学评戏，她看过无数演员的表演，没上过学不认字的她能够单凭记忆，录下做一名杰出演员所需要的一切信息。

十五岁的母亲担纲主演，是由于主角临时缺席。早已将戏文牢记心中的母亲临时顶替主角上场，结果却是见惯了名角的观众们发现了一枝空谷幽兰、一朵出水芙蓉。

母亲曾对我说，她之所以做演员是因为爱戏，她太迷恋舞台了，除了演戏，她不知道还能做什么？新生的共和国为母亲的戏剧创作展开了前所未有的广阔天地，在这个舞台上，她创造了多少让一代又一代观众刻骨铭心的形象啊！五十年代的"刘巧儿""杨三姐"、六十年代的"张五可""银屏公主""春香""珠玛""祥林嫂"……无数的观众热爱她、崇拜她，我小时候曾见到剧院的工作人员提来观众寄给母亲的信件，足有几大麻袋，打开口袋，哗啦啦散落一地。

我想过，那样多的人喜爱母亲出于一个最自然、淳朴的原因，因为母亲的美丽。

我总觉得，成了她专行里的一派宗师以后，母亲心里一直有一种危机感。母亲年纪很轻的时候在她的艺术门类当中便成了众望所归的开山人物，这种辉煌是她没有预料到的。患病之后，母亲的业余时间多起来，她开始努力地用各种办法寻找她过去的朋友，并且在她的回忆录中怀念那些人和事。许多老友因而又回到她身边，和她恢复了来往，这给母亲带来了巨大的快乐。她帮助他们，无论有什么事，只要能帮上忙，她便不遗余力。有时我觉得她简直热情得过了火，她却告诉我，妈妈这么多年变成"名人"，而骨子里仍然是原来的那个小凤子。妈妈年纪大了才觉得，人与人的感情才是最重要的，我得到的比付出的多出很多。

母亲的美丽，从内至外。

常州，是母亲最终选择飞向天堂的地方。那是一片同样美丽的土地，是一九九八年的初春，北方还寒风凛冽，常州已是桃花初绽，春雨绵绵了。母亲走前，高兴地对我说："这可是我头一次去常州，我要给那里的朋友多画几张画。"常州是父亲的故乡、水土丰润的鱼米之乡，母亲一生没有去过，却在最后的时刻拥抱、亲吻并将魂灵永远留在了那里。母亲实在是独特的，她的离去也显得那样美，那样温柔，有情有义。

古人有言："不失其所者久，死而不亡者寿。"记得我的一位姨表姐，从不称呼母亲为"姨"，而叫她"美人娘"。很小的时候，我就听这个称呼，觉得奇妙而好听，母亲在的时候听到这个称呼总会微笑。母亲不在了，这个称呼越发显得那样贴切而美好。

让我也这样叫一声吧：你是我永远的骄傲，妈妈，美人娘。

一九九九年四月　北京

上文是我在母亲去世不久后写的，如今我还想补充一点的是，母亲人生后三分之一的时间是在疾病中度过的，一九七五年底她身患脑梗，导致半身瘫痪，去世前的二十三年时间都是如此。但在这二十三年中，半身残疾的母亲完成了从演员到作家、画家、导师的角色转换，尤其是她克服了一切心理的、身体的艰难困苦，成为一位出版了几十本著作的传奇作家。

如今，母亲的又一本作品将要面世了，在她去世十九年以后。书中的大多数文章都是从未发表过的，比如《赶城》《表哥》《我们是主人》《勤》《忍》等。记得当年母亲曾将一大包手抄的书稿交给一位来自台湾的朋友，希望这些手稿能在台湾出版，但是后来那位朋友去了美国，书稿出版一事就被搁置下来了。再后来这位朋友在美国找到了我，把书稿寄还给我，而这时候我母亲已经去世多年了。正巧去年，一位来自山东画报出版社的年轻女编辑王一诺找到我，表示希望能够为母亲再出一本书，我搬出了这一包沉甸甸的书稿，也就成了这本即将付印出版的母亲的新作——《美在天真》。

二〇一七年，在母亲九十岁诞辰的日子里，想念我的母亲，我们家的美人娘。

吴霜
二〇一七年七月 北京

目 录

第一部分　永葆幼稚青春

画个三花脸　003

弃儿　007

水灾　014

开妓院的二伯母　025

财产　032

烟鬼　037

赵山东怕"仙刺猬"　044

卖糖堆儿　049

红闺女　052

小动物情趣　059

儿时天津记事　065

表哥　075

一九四三年青岛卖艺　083

我们是主人　088

天桥　095

第二部分　本色见才华

我的艺术道路　　107

补台　　116

来北京　　121

堂会戏应节戏　　136

忍　　139

勤　　142

王殿玉　　147

忘词　　150

为评剧增添新唱段　　152

我演《坐楼杀惜》　　155

我演《刘巧儿》　　161

说说《花为媒》　　172

我的干爹齐白石　　183

梅先生和梅师母　　191

一个音乐家对我的帮助——怀念盛家伦　　194

第三部分　人生欣与戚

老舍先生为我和祖光做媒　　211

恩爱夫妻　　224

只付出不索取　　229

我的孩子　　233

第一部分

永葆幼稚青春

画个三花脸

日本侵华时期人命就如同个蚂蚁,一九四一年我随剧团在大西北兰州附近演戏,有个唱彩旦的叫王砚香,她丈夫当箱倌儿,给演员管戏衣。就这么穷,他们一年生一个,连着生了五个孩子。那里全都是带着小孩,一家子一家子在后台挤着住,砚香的小儿子"黑胖"很好玩,后台不少人喜欢给这孩子画上个三花脸,看起来很滑稽。这也是穷人找开心,自己逗乐儿。可是一心想发财的戏班财主却把这个给小孩儿画个三花脸的游戏也当成了生财之道了。他到处跟有钱的人宣扬:要是给小孩画上个三花脸,就等于进了戏班的门子,是祖师爷收下的弟子了,可以长命百岁。俗话说:"戏子戏子,阎王爷不理,小鬼不取。"就因为财主这一宣传,画三花脸也成了挣外快的生意,经常有阔太太、老爷们抱着孩子到后台来,让给孩子画个三花脸,他们得给祖师爷烧香磕头,送喜包,还得给财主拿供钱,也叫"进门钱"。大伙也能得点油水,所以画三花脸的事都愿意做。

有一次,一个阔商老头子带着姨太太抱着儿子进了后台,要求给孩子画个三花脸,财主围着这老头子左右转,唱三花脸的赶忙给小少爷画了一个三花脸。老头大烟瘾上来了,财主又赶紧陪着去前台账房抽大烟。

那天,正巧砚香嫂的儿子也画了个三花脸。抱小少爷的奶妈头一次进后台,看见什么都新鲜,她拿拿枪,看看刀,又看看闪光锃亮的头面、绣花的戏衣……她净顾着看新鲜了,索性把睡着的孩子放在箱案子上了。砚香的小儿子睡着了,也正被他爸爸放在箱案子上。那时后台很乱,什么人都有,尤其有阔人抱着孩子来画三花脸的时候,看热闹的就成了群。后台有人逗奶妈:"你看看唱戏多么有意思呀,你也来唱戏吧。"奶妈早就听入迷了,把孩子忘了。也不知是谁有意制造事端,趁乱时把两个孩子给换了。两个同样大小的孩子,都画了三花脸,只要把包被和帽子一调换,就谁也看不出来。商人和姨太太抽足了大烟,又回到后台来,烧香谢祖师爷。大伙道喜:"小少爷入了江湖门了,长命百岁了。"老头和姨太太一高兴赏了喜包,这商人的后台是日本宪兵队,财主低三下四冲着商人的耳朵小声说着,好像在求他办什么事,谁也都没有注意孩子。大乱一阵,老头、姨太太、奶妈抱着孩子走了。

砚香嫂心里很难受,他想:"人家孩子生在有钱人家,就是这样前呼后拥,我的孩子整天在后台像个舍哥儿[1]。"一转身看见当箱倌的丈夫也跟着看热闹,她更是气不打一处来。她大叫:"你跟着看什么热闹,你不伤心哪?"突然一看,人家的孩子还在箱案上睡着,他赶紧到箱案子跟前抱孩子。砚香也跟过去了,一看孩子错了,飞跑着赶出后台。还好,这一帮人还没上汽车,砚香把孩子交给了姨太太,刚想去接自己的孩子,那商人却把砚香的孩子用力向地上一扔,骂了

---

[1] 舍哥儿:方言,就是没有大人抚养、庇护的小孩。过去穷人养不起了,就把孩子舍到庙里、舍给戏班。

几句，汽车飞快地跑远了。砚香把孩子从地上抱在怀里。回到后台，解开衣服扣给孩子吃奶，一边喂奶一边哭，眼泪都滴到吃奶的孩子脸上。当箱倌的丈夫老实巴交，连一句整话都说不出来，站在一边发愣。还是砚香先说了话："你还不干活，看嘛呀？叫你看了这么一会孩子，就闯了这么大的祸！"箱倌转身叠衣服，整理箱案子，闷着头一语不发。

可能孩子被摔在地上，又惊又吓，受了风，再加上吃了妈妈的火奶，冷一口热一口地被妈妈嘴对着嘴喂水、喂吃的，孩子病了。又吐又拉，发高烧，小嘴鲜红，脸滚烫。这一病可招来大祸了，当时日本人管这叫"虎利拉"[1]。日本人在胡同口设有红十字摊，无论大小孩子有了这种病，就得报告红十字摊。但孩子可能就是急性肠炎，也可能是痢疾。可那时没有知识，不懂是什么病，就当成了传染病"虎利拉"。夫妻两个抱着孩子对哭流泪，相互埋怨，怨天怨地。很多人劝说砚香嫂，可千万不要报告红十字摊。但这病传染得很快，几天的工夫就病了一大群老的小的。砚香嫂眼看着孩子干烧不吃奶，她报了红十字摊。红十字摊的医生有男有女，都是日本人，看病也不要钱。大夫说有一种新药，是否能立刻有效还不能保证。砚香说："这孩子病得这么重，死马当活马治吧。"结果这种新药一针打下去，孩子抱回来没到半夜就死了。砚香夫妻痛哭了一场，用一条破被子把孩子埋了，两口子又互相埋怨，怨天怨地就是命不济呀！

孩子叫红十字摊给治死了，可灾难还没有结束哇。日本人把整条胡同用绳子拦上了，那时只要什么地方一有绳子拦上，就是传染病区，很可怕呀。再进一步就要用火烧消毒。这是一个死胡同，里面有两个

---

[1] 虎利拉：指霍乱。

小院子。院里住的都是穷人，可是传上"虎利拉"的病人不少，日本人架火烧消毒，结果死了不少人，砚香的老公公也死在火堆里了。人们哭喊着给火神庙烧香，求火神爷保佑。大火升起，一片灰土，老人哭儿女、妻子哭丈夫、小孩子哭父母的，日夜不断。日本兵举着刺刀赶走哭主，这年月多惨啊！这种惨景，真叫人不寒而栗啊！

弃　儿

记得小时候孩子们爱问妈妈："我是怎么来的？是怎么生出来的？"妈妈不愿意说实话，逗着孩子说："你是在小胡同里拾来的，在土箱子里捡来的。"

我小时候就听见过母亲这样的回答，每当走过垃圾箱就特别留神注意。记得我八九岁的那年正在过端午节的时候，我早晨去喊嗓子回来，走在胡同里，听见有小孩微微的哭声。在什么地方呢？仔细听听看看，啊！知道了，果然是从垃圾箱里出来的哭声！喊嗓子回来也不过六七点钟，太阳还没有升起，天也就蒙蒙亮，街上还没有什么人，尤其我们这一带胡同都是做夜生意的，人们大都在睡懒觉哪。我大着胆子把垃圾箱大盖子打开了，马上看见土箱子上边有一个包，是天津人包装水果、食品用的蒲苇编的蒲包，我打开包，看见里头包着一个小孩，是个才生下来的红红的孩子。这时候小孩拼命大哭，我心里害怕了，看看四周没有人，怎么办呢？我想抱又不敢抱，只是把蒲包全给打开了，孩子光着身子，肚子上绑了一块破布，粉红的脸蛋，黑头发，身上还带着血哪！身底下垫了一块旧棉花，别的就什么也没有了。

幸好土箱子里有很多剥下来的粽子叶，软软地托住了这个蒲包，孩子睡在上头，一点也不硌得慌。我一早起来喊嗓子，总得套上一件衣服，正好走得满身是汗，我脱下一件上衣包上小孩。呀！是个小女孩儿！我像得了一件宝贝似的，双手抱住孩子，撒腿就向家里跑。进了大门，在院里就叫："娘！您看呀！"母亲正在做活，我叫她，她也没有理会我。我高兴地跑进屋里往炕上一放，小女孩又大哭起来了，妈妈说："怎么回事？"我说："娘，这是我捡来的。您看，多好看呀！"我用手指着这个手脚乱蹬哇哇大哭的小女孩，等着母亲的反应。我娘双手一摊，叹了一口气说："唉！又是一条小命啊！是谁造的孽呀！小凤，你怎么这么不懂事？还不嫌咱家人口不够多吗？"说到这儿，娘有点生气了，说："快给我抱走！在哪儿捡的还给我搁到哪儿去！"我自言自语地说："不行，反正得给她找个主儿。"母亲说："你二娘家净是小闺女，你去抱给你二娘吧。"我一听高兴了，母亲一边包着孩子，一边念叨着说："可怜的孩子！你投错了胎呀！越这样的孩子还越长命百岁哪。"母亲把孩子交给我说："快去吧。"

我抱起孩子一口气跑到了二伯母家大门口，心想二伯母要看见是个小女孩，她一定高兴。我一手抱孩子，一手拍门，高声喊着："二娘！"听见二伯答应着，来开了门。我没理二伯，急着抱着孩子，一边喊一边往里跑，直奔北屋，进了二娘的正房。二娘迈着两只小放足脚从屋里迎出来，对我说："小凤，你这是怎么了？跑嘛呀？"我高兴地说："二娘！快来看看！多好哇！是个女孩儿。"二娘故意做出有气无力的样子，酸溜溜地说："干吗？哪来的孩子？"我赶快说："是我给您拾来的小女孩，您留下她吧。"二娘一听，马上火了："你住嘴！我说你抽的什么风？原来是捡了个私孩子呀！"我凑近二娘身边，把孩子往二娘的铜床里一放，打开包给二娘看，小孩又哇哇地哭起来了，我讨好地说："二娘，这是个小女孩儿，您留下吧。您买一个孩子还得花钱哪，这多好哇，您要吧！"谁知二娘马上翻了脸，说："小凤！你胡说什么？抱走！哪儿抱来的往哪儿送！快抱走！"我苦苦哀求："二娘，您看她多么胖啊！您留下吧！我来天天给您抱孩子，行吗？"这孩子也真讨厌，一个劲地大哭，把二娘哭烦了。"快抱走！这要哪天才养大她呀？再说养活她要下多少本钱哪？"我看着孩子哭，我也哭了："二娘啊！行行好吧……"我哭出了声。二娘一拍桌子："别嚎丧了！小凤！你他妈的哭什么劲儿啊？这个混蛋的小凤啊！她还有点心软哪！"我更哭得厉害了："哇……"二伯母发了脾气："你还哭！还不把她抱走？"我哭着说："不！我不愿意抱走。"二伯母反而笑了，说："你愿意怎么着？"我说："我愿意养活她。"二伯母说："你放屁！你还不知道喝哪门子西北风哪！你还愿意养活着她？谁养活你呀！"我心里甭提多难受了。看着这个胖胖的小女孩，她多好玩，又多可怜呀！我捂着脸，站在门后头一个劲儿地哭，我一遍又一遍地说："二娘，您留下她，我每天给您看着她，行吗？"这孩子也真不讨人喜欢，不住地哇哇大哭，我听她哭，心里越想越委屈，哭得止不住了。我说："二娘，收下她吧！您不是比我家有钱吗？您还常花钱买来小女孩儿呢，她又不要您的钱，我是向着二娘的。"二娘生气地说："别瞎说，不许你说我花钱买小女孩儿的事！你可真不是东西！再说我也从来没买过这么小的女孩儿。"二伯母抓住我的小辫，倒拉着向屋门外推我，骂着说："真丧气！我这招谁惹谁了？大的哭，小的嚎！混蛋的小凤！"二伯母把这个小孩裹一裹塞在我怀里，把我推出大门，"砰"地把门关上了。

我抱着这个孩子怎么办？往哪儿送呢？我想起宋家守寡的大奶奶来了，她丈夫死了，守节，没儿没女，就靠吃房产生活，她是我们这胡同有名的善心人，生活过得好，有好几所房子。我推门进去，就叫："宋大娘!"宋大奶奶平时很喜欢我，答应着就出来啦："什么事呀，小凤？"我说："宋大娘，您行行好吧！我早起喊嗓子，在土箱子里捡了一个小女孩。您不是没有小孩吗？我给您把孩子送来了。"宋大奶奶一听就烦了，说："小凤，你这孩子真不知道好歹呀！私孩子没有个好命的，都是妨人精，生下来就是遭罪的命！哪个土箱子里没有哇？你捡得过来吗？怪她命苦投错了胎！快抱走，我可不能收这个私货！要不就是穷得过不去了，生下来扔了，谁让他们穷人生孩子的！快抱走！"宋大奶奶也把我推出来了。

我回家也不行，母亲不要啊！我已经累得一点儿劲都没有了，可还抱着这个可怜的孩子在胡同走着，想着：我把她放在有钱人家门口，有好心人救了她的命给抱走……我就把她放到我们胡同最有钱的财主家路三奶奶门前的大垃圾箱里了。我得把我那件衣服拿出来，要不我母亲问我衣服哪儿去了怎么办？土箱子里有很多破纸，我给小孩围得严严的，在土箱子里也不冷。

孩子又放回垃圾箱了。这多么惨哪！我可难受了。我舍不得走开，就蹲在胡同的拐角看着垃圾箱，看有没有人来捡这孩子？不大会儿，过来了两个男人，一高一矮；这时小孩在垃圾箱微弱的哭声把他们惊动了，高个子站住听了听，对矮个子说："又是个私孩子。"矮个子连理睬都不理睬，拉着那个高个子说："走，走，走！看这个干吗呀？私孩子没有好看的，全都是穷人养多了孩子，喂不起扔了！唉！什么多了也不值钱哪！快走，刚输了钱就够倒霉的了，还不找个吉利啊！"他们连看也不看就走了。我真是失望，站起来，走近看看那个垃圾箱里的小孩。她还是原封不动地躺在里边哭着，可是越哭越没劲了。

路三奶奶家的大铁门哗啦一声开了，原来是她家的老保姆走出来了。她手里端着一个簸箕要倒土。啊！一倒下去，会把那刚刚出生的小孩砸死呀！我"噌"地站起来，她果然打开了垃圾箱的大盖子，我喊了一声："别倒！"老保姆手停住了，我走近对她说："这土簸箕里有这么多菜叶子。送给我吧，我拿回家喂小鸡。"老保姆把簸箕交给了我，我飞跑进了我们家门，倒下菜叶子又跑回去。老保姆说："小凤，你看，这里头有一个小孩儿。"我说："是呀！您给抱走吧？"老保姆摇着头，赶快进了大铁门里"哗啦"一声又给关上了。我又一次失望了。肚子也饿了，闹了一早晨了，该回去吃饭去了，可是孩子比我还饿呀！不行，我不能眼看着不管，我又抱起她，决定还是找我娘去磨去。我刚要走，看见我的大伯母推着小木车来了，她是卖大碗茶下街去了。我看见大伯母可算有了救星了，我没找大伯母是因为大伯母太穷，比我家还要穷，可是大伯母心眼儿特别好。"小凤，你抱着什么呀？"大伯母问我。我告诉了大伯母捡孩子的经过，我哭着说："这孩子没处送怎么办？我也不敢回家。"大伯母痛快地对我说："别哭了，小凤子，这好办，交给我吧。我吃一口就有这孩子半口。"

　　大伯母真够苦的了，又给她加上这个孩子，实在难为她。大伯母为这孩子真不容易，她去卖茶缝穷，总带着这孩子。把茶具从车里拿出来，坐在地上缝穷，把孩子放在车里。哪有钱买牛奶呀，就把黑面用蒸笼蒸熟，焙干了，擀成细面子，再冲开水，成了糨糊，就这样一勺一勺地往小孩嘴里喂。这孩子还真够结实的，风里雨里地跟着大伯母去缝穷卖茶，她真是一落生就吃苦受罪呀！一口奶也没有吃过，也少有人抱她，就总是躺在这卖茶的小木车里。

　　大伯母卖茶缝穷很有人缘，她的主顾都是卖苦力气的人。大伯母身边多了一个小孩，有很多人说闲话："你没有男人，怎么有个孩子哪？"也有人知道是拾来的，就骂："这是个拾来的私孩子！""丧气！走！到那边去喝茶！""倒霉！怎么还带个骚臭的孩子呀！真臭！……"大伯母听的闲话可就多了。

我对这个小女孩有特别的感情,她是我拾来的,我有空就看她,抱抱她,逗逗她。大伯母没有空给她洗洗涮涮,她身上的泥都连成了片,有时候找块破布给她擦洗擦洗,用的都是冷水,哪有工夫给她烧热水呀!我爱给她用冷水擦个脸,她还跟我笑哪!笑得多好看呀!我本来不爱小孩,因为我家弟弟姊妹够多了,可是我喜欢她。

二伯母家富裕有钱,我会做发面饼、蒸糖三角,二伯母叫我为她做这些吃的,我就偷偷地为孩子蒸两碗干面。这事我的堂姐姐金香知道了,她支持我,叫我多蒸点面,还常为我去拿面。我把蒸好了的干面带给大伯母,给小孩冲糊糊吃。我们常常这么干,二伯母从来没有发现过。

有一次我看二伯母高兴了,说:"那个小孩您不要,现在长得有点模样了,会笑了。"二伯母叫我抱来给她看看,我就跟大伯母说好,抱给二伯母看。我抱着孩子还没有走到二伯母的大门,就有几个缺德的小流氓追着骂我:"私孩子!长大也不是好东西,都是窑子货!"我装作没听见,紧往前跑。他们追着骂,还抓我的小辫。我真气急了,把孩子放在二伯母的台阶上,跟他们打起来了,我打不过就骂他们。小孩在台阶上大哭起来,二伯母听见我喊叫的声音,开开大门,她一出来,这群小子一窝蜂地都吓跑了。二伯母看见小孩和我的狼狈相,说:"小凤,又是因为这个私孩子!你疯吧!人家都骂你是疯丫头!还不快抱走!"二伯母说完,转身进去,把大门又关上了。

大伯母带着这个孩子,每天形影不离,这孩子成了她的心肝宝贝了。可就是没有人看得上这个孩子,只有我想尽法子帮她点儿忙,可我还小,力气有限,没有多大本事,还得偷偷摸摸瞒着我妈。

这孩子真应了那句老话呀，叫"天养人"，她总也不生病。三个月会认人，四个月会坐着，七个月长了牙，八个月就会满处爬，一岁就会自己抓东西吃了，一岁半就会走路了。转眼就到了三岁，大伯母卖茶缝穷，她也坐在一边，小手放在嘴里含着，刚会走的时候像个"搬不倒"[1]，晃晃悠悠，好玩儿极了。

虽然为了这个孩子，大伯母受了很多冤枉气，听了很多难听的话。可是把孩子拢在怀里也是个很大的安慰，大伯母越来越爱这个孩子了。

大伯母做买卖都是在闹市地带的十字路上，孩子三岁了，会一个人自己玩了，平时没有什么人理睬她，但她看见我，知道叫"姐姐"。我爱她，用红布条给她扎小辫儿。她满头黑发，大眼睛，长睫毛，小圆脸，长得很好看。谁给她一块白薯皮、水果皮呀，她都紧紧地拿着不扔掉。孩子缺嘴，什么都好吃。

有一天，忽然十字路口开来一辆汽车，大伯母喊："孩子！快过来！"可孩子就是不过来，也是因为车开得太快，把孩子吓住了。坐汽车的人都是有钱有势的人家，哪里注意街上的穷苦孩子呀！汽车飞似的开过去了，大伯母喊着："我的孩子呀！"她跑过去，手里还拿着给孩子补的小衣裳，孩子已经躺在一摊血水里了！

大伯母痛苦地埋怨自己命苦，从小就命硬克了丈夫，如今又克去了这个孩子！还有一个最伤心的是我，费尽了心，流了多少眼泪，怎么也没有救活这个孩子！

真可怜呀！这个小女孩，她连个名字也没有。

---

[1] 搬不倒：玩具，不倒翁。

水　灾

天灾人祸是不能够预料的事情。在旧社会,穷人遇见天灾可就更苦了,趁机做坏事的坏人也更多了。记得天津一九三九年闹大水时,我刚满十岁,那是个下午,我提着铜壶上街去买水,从我家到水铺也就半站路远。去时眼看着从马路边地沟往外冒黑水,回来的时候水就上了街,真是水火不留情啊!大水一会儿就从胡同进了院子,上了炕。

那时我家住在南市升平戏院后杨家柴厂。这里地势低洼,大雨后水比别处深一二尺。会水的人这时可顶用了,帮助大伙儿用木盆运东西,用木头做成的木排运小孩子。

我们这个胡同唱戏的多,哪家都有戏衣,这可是演员的财产、吃饭的家伙,得抢着先把戏衣运出来。水很快没了炕沿,桌子上放凳子,凳子上摞箱子,高一点儿是一点儿。眼看着水一个劲儿地往上长,老人小孩最惨了,哭的叫的,真可怜哪!

人多主意也多。好在这一带都是砖房,地势低就上房吧,这个主意立即得到大家同意,大人孩子,一家子一家子的全都上了房,能搬的东西也全搬上去了,吃睡都在房顶上。最可怕的是下边一望无边的大水。这时正是七月连阴天,老天爷天天下雨,"咕隆隆"打雷,上边浇着下边泡着,真不是人过的日子。

大伙儿躲在房顶上,用席、竹竿、杉篙搭成小棚子躲躲风雨。这时才能看出人心哪,我们这个大杂院住着十几家人,什么样的人都有,有一个卖药糖的傻二哥也不过十五六岁,他平时热心,喜欢帮助人,遇见这样的天灾,他可是得用的人才了!他从小就常常到河沟里去洗澡,会凫水,这时他挨家挨户,爬上爬下,把人救出屋,他首先把最困难的下肢瘫痪的四姨夫背上房,接着脚下踩着水,用一个大木盆双手推着,上边摆满每家的东西,一件件地运到房上去。他都把别人家的东西运完了,人也都背上了房了,才回家去接自己的老母亲、三个弟弟和破烂东西。

傻二哥为每家每户搭棚,没有那么多绳子,他就把身上穿的褂子撕成了条,搓成绳,他连家里唯一一条破被子都给撕了。光着膀子,这房跳那房,一家家的棚都搭好了,最后才给自家搭一个很小的棚。他还为大伙儿运点吃的,弄点水。哪里有干净水呀,就是把房下的臭水舀到房上澄清了吃。

傻二哥热情肯帮人,跟他娘的为人也有关系,他们母子处处都帮人,什么事都先想到别人。傻二哥他娘常爱说:"唉!不修今生还要修来世了,要多做点好事,做了坏事怎么去见阎王爷呀!"傻二哥不这样看,他说:"我娘信神,可我一不烧香二不许愿,就是凭良心,对人好心肠,这比什么都好。烧香还得花钱给泥胎磕头,瞎掰咧!"

傻二哥因为给大伙办事还跟他娘吵过架。二哥把很多邻居老弱都背上房,安置好。他先把他娘放在桌子上,又把桌子放在炕上,不想因为耽误太久了,待到回来接娘,炕已经塌了,桌子陷进了炕里,把他娘和小弟弟吓得大哭。二哥把大伙的事忙完了,看见他娘的这个狼狈相,背起娘搀着小弟弟就走。两个大弟弟不知到哪儿去了,后来才找到,原来是跟着街坊都上了房,他家东西可就全部湿透了。这事谁也不知道,他娘跟他抱怨时我才知道的,因为我正在帮二哥把打湿的东西都晾起来。他娘说:"你走了就不回来,把我跟弟弟就撂在桌子上了。虽然桌子摆在炕上,可眼看着从院子进水,一下子进了屋子,一会儿又上了炕,'轰'地一下子把炕冲塌了!你说吓死人不?"二哥说:"那也不要紧,您怎么着有我哪!人家都比您难哪!我这不是来接您了,这不也上了房吗?这是遭大难的年头,先帮着比咱难的上了房,比您烧香磕头求神强!"

一天,唱三花脸的王吉仙大爷发现了一条小蚯蚓,就大叫起来:"快来呀!龙王爷显圣了!"这下子可惊动了所有困在房上的大人孩子。吉仙大爷双手托着这条蚯蚓,嘴里念着:"龙王爷啊!快把水收回去吧!哪方造孽找哪方啊!我们这方都是好人哪!"在吉仙大爷的指挥下,大伙对蚯蚓磕头。可是傻二哥就没磕头,我也没磕头,因为我和母亲一向不信神。傻二哥的母亲趴下磕了好几个头,我看见傻二哥很不耐烦。吉仙大爷要大家凑钱买香,他自己先拿出钱来,傻二哥他娘也出了钱,大家有的出了钱,也有的实在太穷,拿不出来。傻二哥却帮着去买了供,吉仙大爷又领头烧香磕头求龙王爷。

我们每天站在房上数着墙砖的数目,来测量水位是升高了还是降低了。每天看多少遍。数呀,数呀!一块,两块……盼着水落下去。烧香磕头求这条小蚯蚓还真"灵",果然第二天一数砖,水位落下一块儿,大家可高兴了!但不知怎么回事,蚯蚓大量出现,爬得到处都是,怎么这么多"龙王爷"呀?有人看见还跪下,可是只磕头不烧香了,因为大家都没钱,再说水也没落。没想到第三天水位长得更高了,吉仙大爷也不吭声了。

最可怕的是天上打雷，这大雷呀，真吓死人！就好像打在头上一样，往下看是一望无边的黑水。我素来胆小，吓得躲在窝棚里不敢出来。

房连房，窝棚也是一个接一个，大人哭，小孩闹，吵架的，骂人的，真是一片凄惨的景象。在房顶上躲难的都是穷苦人，原来做小买卖的还得出去做生意去。很多家做窝窝头、炒咸菜条等便宜的饭菜，到水少的地方卖给难民。我父亲也是做小买卖的，他本是卖糖葫芦的，可如今闹大水了，谁还有闲心吃糖葫芦呀？父亲也学着做了棒子面饼子，还做了土豆炒辣椒。我帮着和面、切土豆，父亲把做好了的吃的装进一个木桶里，放在一条借来的小船上，划船去做买卖去了。父亲身体不好，有肺病，一边做准备，一边自言自语地说："这么多人，不动弹着没有吃的呀！这年头好人少，还得提防趁火打劫的坏人。"父亲边走边咳嗽，上船做买卖的影子一直印在我心里。我心疼父亲，坐在房檐上，看着天，想着父亲。我要是个男孩子多好，就能帮父亲去做买卖。我决心好好学戏，长大了挣钱帮父亲，不能叫父亲再这么遭罪了。

闹了大水，有钱人家都逃走了，有点门路的也都逃到地势高的地方去了。我二伯父一家逃走了，大伯父和大伯母也逃了。大伯父会算命、看病，闹水病的人多，爱算命的人也多，他逃到干地不愁混不上饭吃，在房上待着的都是没路可走的人。也有人说，城里难民人山人海，都横七竖八地躺在街上，下大雨只能挨浇，躲在买卖家的房檐下边都被轰开，有病的老人、抱着的孩子，可怜极了！很多人进了城又回来了。

我们在房上虽然够苦的，可是大家都很知足，到底街坊邻居都互相照顾，站在房上，能看着下边自己的家。总有一天水会下去，能回到自己家门呀！这时候就全靠大家互相安慰、互相关心啦！

在房上让人最淘神费事的是刚会走路的小孩,大人要随时跟着,一步也不能放松。唱武戏的韩三宝的女人韩三婶已经有四个孩子了,现在又挺着快足月的大肚子了。他家的闺女小四子刚刚会走,三婶子身子很重,自己走在房上都害怕,这个小四子一双小腿出溜出溜地一会儿走到这个棚,一会儿走到那个棚。有人高兴时就逗逗她玩,有人心烦了就轰她:"去,去!"三婶也全不理会。忽然,在快吃晚饭时候出事了!"不得了啦!小四子从房檐掉下去了!"大伙又喊又叫,又是傻二哥跳下水去,把小四子救了上来,小四子浑身湿透,头发全乱了,还是这天早上我用红头绳替她扎的小辫,也看不见红头绳了。连摔带淹,小四子没有气儿了。真奇怪!小四子直挺挺地躺着,三婶一点也不难受,连看也不看一眼,她说:"我不看!生有处,死有地,死一个少操一个心。"我们一帮女孩子可受不了啦!我捂着脸第一个哭了!"小四子真可怜哪!她长得这么好看,这么乖呀!这么小就知道讨人喜欢……"我这一哭,大人孩子,有大声有小声地都哭起来了。韩三叔也很冷静,对大家说:"哭没有用,办事要紧。"傻二哥找了一块搭窝棚剩下的席头子,把小四子卷了抱走,找到一处高地埋了。这件事就这么简单算完了,可我老想着小四子坐在我身上,我喂她一口干粮,教她叫人,拉她走路……我一个人偷偷地为她流了好几回眼泪,想起她我就要哭。

没有几天,三婶生孩子了,又是一个女孩子。有人说:"瞧这模样可像小四子了,准是小四子又托生来了。"要账的不长命,三婶子说这孩子不吉祥,又是个要账的。三婶子就这样在窝棚里坐了月子,大伙都帮助,哪家有点好的就送来给坐月子人吃。反而在这天夜里三叔和三婶大哭了一场,半夜里我被他俩给哭醒了。

一天早晨,来了很多人,警察、便衣——歪戴帽、斜瞪眼的人。

他们来势很凶，从房那边过来的，打头的喊叫着："你们听着！有人抢了船！就是你们这条胡同的人干的！这群臭唱戏的没有好东西！"他们把窝棚里的人都召集在一起。"我们是来抓人的，要抓壮劳力去搭埝！"这时房上没有什么男人，壮劳力更没有，年轻男人只有一个傻二哥。他们上去就抓，要把傻二哥抓走。这可是最伤众的事，因为他是我们最有用的人呵！大家哭求着把二哥留下，但他们简直像一群强盗，硬是把二哥拉走了。为了安慰二哥的母亲、照顾最小的兄弟，我搬到二哥他们棚里，跟他娘做伴。

过了几天，又来人了，是我们这胡同的房东路三奶奶家的少爷们和带着枪的特务们。他们来了就找几家唱戏的，说是闹大水了，没有事干，犯了戏瘾了，想唱戏玩玩，开开心。他们家有楼，水淹不着。这一伙人连说带唬，韩三宝的戏衣被他们拿走了。韩三姊正在棚里坐月子，路家的孩子还说："借穿穿演场戏，演完了就给送来……"这一拿走，就没日子还了。

这群没有人性的东西，像疯狗一样跳来跳去，每一个窝棚都翻到了！哪一个唱戏的没有刀枪把子、马鞭、胡子等东西？他们见了就拿走，还说"借用"。每个窝棚都被他翻了个底朝天，说是抓水贼，实际是抢唱戏用的东西。

看着他们这群人的背影，大伙儿说："他们才是真正的水贼哪！"他们才走，父亲两手空空爬到房上来了。他本来是划着一条小船去城里做买卖去的，正赶上这群人从我们房上下来，看见我父亲划着一条船，他们迎上前说："我们是警察局便衣队的，是来抓水贼的。水贼偷了船，这条船是我们丢的。"说着跳上船去就抢，父亲一向老实忠厚，哪能挡得了这一伙强盗？父亲划的船就这么被抢走了，做买卖的桶还在船上，也被抢走了。

大喜姐是我们同院的一位漂亮姑娘，她比我大两三岁，大概是十三四岁，父亲是大舞台打武戏的演员，名叫李福祥，母亲是河北梆子唱青衣的演员。福祥大爷两口只有这一个女儿，大喜姐长得一副好模样，两只水汪汪的大眼睛，一笑两个酒窝儿，有一条又宽又甜的好嗓子，就是有点娇气爱哭，可能是独生女，爹妈惯的。

福祥大爷两口不让女儿唱戏，他们说："女孩儿别唱戏，唱戏受一辈子气。"他们老两口决心把闺女拉扯大了，找个靠得住的体面婆家，当个好媳妇。

大喜姐在这个胡同里是出名的美人儿，尤其是这一带青年人，都知道李福祥有一个好看的闺女。闹大水了，大喜姐一家开始去了城里亲戚家，但遭了亲戚的白眼，又看见逃难的人太多，都睡在当街地上，他们又回到房上住窝棚来了。

日子一长，我们这群女孩儿都很喜欢在房上生活，觉得新鲜好玩，过得很有意思。在我们这群女孩儿当中，大喜姐岁数最大，我们都叫她大喜姐姐，都很喜欢她。

天津那年闹大水，好像是七月十五开始的，一个月左右落下去的。天气特热，苍蝇、蚊子很多，又常是阴天下雨，真是讨厌！那时我们这条胡同还没有电灯，夜晚点一个小煤油灯，就是这点亮，一黑天蚊子就在耳边嗡嗡地叫起来了，用手一抓就是一把蚊子。晚上没有事干，我们一群女孩常常围上大喜姐，听她给我们讲故事。我最害怕她讲的鬼故事，可又爱听，她还讲受气媳妇的故事。大喜姐是随父母在戏班长大的，她会唱很多戏，我们还叫她唱戏给我们听，她唱得很好。

大人心烦，不准我们唱，可是我们都喜欢听，拉着大喜姐唱。房上窝棚多，这个棚、那个棚轮着唱，这是我们每天晚上最开心的事了，尤其是在房上唱，夜深人静声音传得远，很引人注意。

这时候又发生一件新鲜事,来了几个自称是修好积德的善人,把我们这一群小姑娘组织起来了,让我们到一些大铺面、财主家去募捐,让我们去唱戏给财主们听。他们总叫我先进去,因为大喜姐个子大,怕人家不可怜她;我长得又瘦又黄,个子又小,容易得人同情。进了那些大买卖财主家,给人家磕头,说:"求爷来啦!周济周济穷人吧!"连着去了几天,可这些"善人"们一个钱也不给我们。

真的来了!舍粥了!有人打着一面破锣吆喝着:"来呀!给难民舍粥了!来晚了就没有了!"路三爷家是这胡同房产主大户,孙男弟女没有数,他家的儿子也是开买卖、混洋事儿的,大小老婆出来成群结队,"善人"里他家当然是领头的。

房上的灾民们听见打锣舍粥了,就忙了我们这些小孩们,高高兴兴地一个叫着一个,就着伴儿,拿着小桶小罐儿去打粥。过房的时候我站在房檐上向下一看,都是水,实在害怕,大喜姐搀着我,我的腿直打哆嗦,打一次粥要经过几个房檐,吓得我够呛!

舍粥的都是"善人"们的后代——一群小流氓和他们家的奴才、打手们。这些人叼着烟卷,卷着袖子,歪戴着草帽。有的抬着桶,有的手里拿大铁勺儿,还有人打锣吆喝着。来打粥的大都是孩子们,很少有大人,大家一哄而上,秩序大乱,挤得小孩子又哭又叫。舍粥的人喊着:"别挤!别挤!人人有份儿呀!都站好了!"那些小流氓就故意欺负女孩子,我吓得躲到后边去了,有一个人动手动脚,调戏大喜姐,还嚷着:"呵!这可是小美人儿呀!长得这么好看!晚上唱戏的是你吧?唱得我睡不着觉哇!哎哟!没想到真见了本人啦!"几个人一起上来摸大喜姐的脸,揪她的辫子,说很多难听的话,还叫大喜姐给他们唱一段,大喜姐被他们包围了,这么多人欺负她,大喜姐又气又急,哭了起来。

我赶快回家报信。平时我很胆小，过房檐就害怕掉下去，现在心里一着急，胆子也大了，一步就跳过房檐，找到了福祥大爷："可不得了啦！我跟大喜姐去打粥，遇见坏蛋了，他们围上大喜姐了！"

福祥大爷是打武戏的，平时脾气暴躁，他哪能让这帮坏蛋欺负他女儿！还没有等我说完，立即拉起我说："小凤，走！去看看。"他拉着我三步两步迈过了几个房顶，到了舍粥的房上。他不容分说拳打脚踢，把这群坏蛋打得落花流水，滚的滚，爬的爬，有的人掉到水里，一下子全跑光了。真是怪，回来过房檐，我又害怕了，还得拉着大喜姐姐。大喜姐委屈得不住地哭，福祥大爷一边生气一边还夸奖我。可是我心里越想越害怕：这群坏家伙被福祥大爷打跑了，可他们准会来报仇的。我心里害怕，腿更软了。

自从闹了这次乱子，我们回到房上也不敢贪玩贪晚了，更不敢坐在房上唱戏了。天一黑只听见一种声音，是癞蛤蟆叫唤，房上显得一点生气都没有了。

大水果然慢慢地往下落了，虽然落得很慢，一块砖一块砖地落下去，可大家高兴极了。东马路地势高的地方首先露出地面，国民大戏院开了戏，唱戏的都演戏去了，韩三宝、李福祥等都忙了起来，我父亲也开始去做买卖了，生活也稍微活动点儿，好点儿了，小孩们又敢在房上玩了，天黑了也敢小声唱了，又有了点儿活气了。

住在房上，真是灾难重重！房东路家三天两头来人："拆棚！你们把房顶都踩坏了！"吓得老老小小都不敢出声。有一回路家老太爷来了，一脸连腮大白胡子，凶得要命，张嘴就骂街。"他妈的！你们给我滚！把我的房子踩漏了！"他坐在一个小船上，左右的人前呼后拥，老混蛋手里还拿着一根大棍子："谁让你们这么糟蹋我的房的？限三天拆棚，不拆的话就派人动手了！"

看见有人做饭冒出烟来，老头也骂："怎么着？他妈的！要放火烧房呀？拆棚！非拆不可！"

这群人一走，有几位大娘愁得哭了起来，说："真不想活了，这日子要过到哪天哪？"

这时候我娘站出来了，她说："对付这种没有心肝的家伙，光说好话央求不顶事。咱们光脚的还怕他们穿鞋的吗？真把我们挤兑急了，得给他们个样儿瞧瞧。"吉仙大爷也说："只要大伙心齐，有人出头，财主也得掂掂分量办事。"

我爸爸害怕了，不同意我娘多事，怕招灾惹祸。我妈就骂父亲是老鼠胆子："都像你各扫门前雪，穷人都得死去！"

第二天路家管事的就来要房钱，催拆棚。我娘笑着对他说："大管家，您来了。麻烦您给财主爷带个话儿吧，我们大伙儿合计好啦，天灾人祸，我们穷人是挤到墙根儿里挨打，没路可走哇！请财主照顾点，高抬贵手让我们过去吧。要不然我们这一大片人家，大人孩子拆了棚也没地方去，反正路家有楼，空房也多，都上路家去住也值得。"

我娘这一番话果然顶事，路家不怎么来催拆棚了。大家只盼着水快落下去，千万别再出事了。

一天吃完晚饭天黑以后，唱戏的、做买卖的都走了，房顶上家家只有妇女和小孩。忽然来了一帮人，说是纠察队，来查房办救济的，看看有没有要倒塌的危险房，还说要限期拆棚。"房子被踩坏了，这都是谁家的棚？我们看看谁的棚下头的房坏了，就让谁赔！"大人孩子都被集中到一起，战战兢兢地都到一个房上来了。有一个带着枪的人说："他们是查房，我们是来发救济金的。站好，排好队登记领钱！"小孩们不敢出头，没有男人，让大娘、小媳妇来登记。一个个地问人口、工作、年岁，问得可详细了。登记完了，一家发一张条子，通知说等过几天就来照单发放救济金。

快到九点钟了,这伙人又来了,又把大伙儿都召集到一个房上,说是查户口、算人数,召集来的还是这群妇女、老太太们。小女孩们害怕,都躲在棚里。

福祥大爷唱戏去了,不在家;福祥大娘出去排队登记。就在这时,我们这边房上忽然听见大喜姐在窝棚里惨叫了一声,过后再也没有什么声音了,大家也就没有理会。等人们送走了查户口的人,各回各自的窝棚,发现大喜姐嘴里塞了棉花,被一群人糟蹋了,昏倒在窝棚里。当时这房上一个男人都没有,福祥大娘哭死了也没有用!天上打雷,下边是一片黑水,上哪儿说理去呀!

大家都知道这是那群舍粥的坏蛋干的,因为福祥大爷打了他们。他们就这么欺负我们这样唱戏的人家!

大喜姐受害后,福祥大爷在家里磨刀,要找这群坏蛋以死相拼!大伙劝说:"吃个哑巴亏吧,嚷嚷出去叫孩子怎么活呀!"

大喜姐再也不说不笑不唱了,像变了一个人,也再不跟我们小孩们一起玩了。后来水下去了,她进了潮湿的屋子,也总不见她出来。我本来常去她家,可是再去时她一句话也不说,就是呆呆地坐着不理人,我也就不大去她家了。后来大喜姐被送到东北姥姥家,再没有和我见过面。

开妓院的二伯母

我的父母不同意我去二伯父家，我却非去不可，因为我为了跟堂姐姐杨金香学戏。二伯父喜欢我，他为姐姐拉胡琴吊嗓子，有时高兴了也教我唱一段。我六七岁就会唱，一张嘴就有板有调。大姐给我梳小辫儿，带我去喊嗓子，说我是唱戏的材料。

母亲不愿我出去，总叫我在家抱孩子。父亲也说二伯母那儿不能去。我每次去二伯母家，妈妈就说："你去撞丧！吃王莽的饭给刘秀干活。你去吧！别回来吃饭！"一搡我，就把门反带上了。

我出了家门，到了二伯母家门口，心里难受。因为二伯母是个很厉害的妓院老鸨子，她买了七八个女孩子，有嗓子、有扮相的就学唱戏，没有嗓子的就送去当妓女。我到二伯母家就跟这些女孩子一起学戏，二伯母见我学得快，就找碴儿打那几个笨女孩，打得可怜。二伯母这院子里招赌窝娼，屋里常摆着大烟盘子，连大烟膏子都是二伯母自家熬制的，但她不许家里的这些小姐姐们抽烟。

我到二伯母家就跟小姐姐们一起干活，她每天都把活安排得很多，擦地、擦桌子，红木桌子上的雕花、铜床支架上的花纹、窗户格子，都要擦得干干净净,还得小心,不许伤了窗户纸……我才七八岁就很会干活了,我干活是为了讨二伯母喜欢,好让大姐姐教我戏,要是二伯父给我吊一段唱,二伯母夸我两句,我就更开心了!二伯父家对我有很大的吸引力,父母不让我去,我还是常常去,就是一个目的:我要学戏。

二伯母家吃饭分三六九等,二伯父两口子吃最好的,能挣钱的姐姐们吃得较好,那些和我一样的小萝卜头还没有挣钱的,就只能吃点汤汤水水的剩菜剩饭,每人一小份,不管饱。我跟着大姐去大舞台唱戏,虽然只能演个小孩、小狗、小兔等零碎活儿,但也能挣毛儿八七的,可是二伯母不给我钱,说不能在她家白学戏、白吃饭。这样我也愿意,因为我有戏瘾,就爱唱戏,爱看戏,对杨金香大姐姐佩服得五体投地,长大了非要跟她一样当个角儿。虽然有时候她也心烦了拿我撒气,举手就打我,张嘴就骂我,可我不记她的仇,因为她教我戏。

二伯母家这一群小女孩,每天吃饭喝一肚子菜汤,肯定吃不饱,可谁都不敢跟二伯母提出来。有一回我到厨房偷了几个馒头,大伙分着吃了,可还是不饱,四姐姐小玉嘟嘟囔囔地说:"吃不饱也得忍着,谁敢去说呢?"我有些不服气,说:"我去说!"其实我心里也有点害怕,想着得等二伯母高兴的时候去说,可是见着二伯母就有点儿怵头。

有一次我跟二伯父和金香大姐姐去大舞台演戏,回来挣了个双份儿。我把钱向二伯母手里一交,说:"二娘,我要跟您说个事。"二伯母盘着腿坐在床上,笑嘻嘻地夸着我说:"好闺女,挣了钱知道交柜上!有话说吧!"我接着说:"二娘,你是样样都好,就是管饭不管饱,不如活埋!"二伯母本来正在笑着数钱,这一句话可惹恼了她,她一下子就下了地,胳膊一抡,恶狠狠地上来就给我一巴掌!她手上戴着金戒指，不想把我的头发挂住了，她用劲一拉，差一点让我摔一个跟头，硬把一撮头发揪下来了，接着就拿起笤帚疙瘩痛打了我一顿，把我打蒙了。我想，就这么一句话就招得她这么大的火？挨完这顿打，我也不害怕，一滴眼泪也没流。走出来，我跟小玉说："不就挨顿打吗？我二娘也就这点能耐！""啪！"被人从脑后打了我一下子。转身一看，又是二伯母，原来她听见我说她了，我吓得低下头，准备再挨一顿打。二伯母却没有打我，指着我说："小凤啊！你呀，蒸不熟煮不烂！真恨人！"二伯母狠狠地戳了我的头一下，一扭一扭地走了。我看着她背影，心想："我就是不怕你，你没理才打人。"

二伯母又恨我又爱我，因为我对她也有点儿用。二伯母恨我太任性，别人不爱说的，不敢干的，我都敢。她爱我因为我会为她办事情。譬如二伯母招赌打牌，有时要是得罪了人就会被抓赌受罚。二伯母常常叫我把着门望风，有警察来了，我都能为她对付得了。屋里打牌，我搬一把小板凳在门道坐着，注意外头的动静，有一回果真来了几个全副武装的巡警，还没进大门就嚷嚷："有人打牌！"我一点也不紧张，站起来用身子拦着他们大声说："二叔，二叔，您别进去！"这一声为的是叫二伯母听见，屋里的打牌声就止住了。我说："我二娘正在洗脚哪！洗完脚还得剪脚，二叔，您可不能进去，她是小脚怕人看！"我用手攥起来，四个指头蜷在手心，只有大拇指伸直，做出小脚样子，举到巡警面前，摇着手说："不能看！"巡警见我人这么小，说话一板一眼的，都笑了，就蹲下来跟我说话。我趁他们喜欢我，又说："二叔，我这有板凳，你们坐会儿，我会唱戏啊！""你还会唱戏呀？"巡警惊奇地问我，我十分自信地说："行！我给您唱一段。"我用手一拉，叫蹲着那个人坐在我的小板凳上，我站在他们当中，为他们唱了一段《女起解》："苏三离了洪洞县，将身来在大街前……"连唱带动作,把他们都唱乐了。"好!"还为我拍手叫好。我又唱了一段老生《借东风》,再来一段《二进宫》大花脸,他们可高兴了,忘了是来抓赌的了,起身要走,我还追着说:"二叔,你们别走,我还没有唱完哪!"巡警们边走边说:"我们有公事。"我看他们走了,跑进屋跟二伯母说:"我把他们都唱走了。"

二伯母夸我说:"小凤这孩子就是脑袋灵,会办事。"可是我在二伯母家还是时常吃不饱,回家也不敢说,要是说了又怕母亲骂我"吃着王莽的饭给刘秀干活儿"了。我宁可躺在炕上,感觉前心贴后心,饿得咕噜噜地直叫唤,也绝不说一句饿。

我出门,母亲抓着我说:"你又去撞丧去!你说,还去不去?"我只说一个字:"去。"撒腿就跑了。到了二伯母家也不是很顺当的,那个老鸨子二娘喜怒无常,高兴了说:"小凤啊,你怎么这么伶俐呀?"我说:"因为你打得少,别人都是你打得太多了,给打傻了。"二伯母说:"小凤哪儿都好,就是这张嘴不饶人!"她不知道,我为了学戏,什么气也能受得下去。宁愿挨饿、挨打、身上受苦,可是我有话就要说,嘴上不能饶他们!二伯母说:"小凤!你呀,肉烂嘴不烂!笤帚都打飞了你也不告饶!"二伯母经常被我气得拼命打我,我也不怕她,还是每天来找大姐和二伯父学戏,跟着去戏园子。

有一次夜里我跟着大姐姐从戏园回来,听见屋里十四岁的四姐姐小玉在哭。二伯母逼她去跟一个面铺的掌柜王胖子去开房间。我那时虽然很小,也明白逼她干的不是好事。第二天小玉在厕所里告诉我了,我看她哭得可怜,我跟小玉说:"你听我的话,你拿着。"我把一包给大姐姐刚刚买来的白面交到了她手里说:"你拿好,我去告诉二娘,说你要寻死,吓唬吓唬她!"小玉拿着白面,我跑去见着二伯母,装作很神秘,二伯母一看就问我:"什么事呀?"我趴在二伯母耳朵上小声说:"小玉手里拿着一包白面,还在厕所里拿着一条绳子要寻死。"二伯母立时跑去找到小玉,从她身上翻出一包白面,还看见厕所有一条绳子。果然二伯母不逼她跟王胖子去开房间了,我心里很得意。二伯母还说:"小凤真聪明,知道把这种坏事告诉我。要不小玉一死,人财两空啊!小凤就是心灵啊,小凤是我的耳目。"

这个四姐小玉是个又爱哭又多病的人。大姐姐金香每天唱戏,还跟一些老爷太太交往,不大有时间跟四姐讲话。但大姐喜欢我,一有空就教我戏,说我学戏快。四姐小玉又不要强,二伯母是不容吃闲饭的,要送小玉进妓院,小玉又冲我哭哭啼啼的。我去找大伯父说:"大伯,您救救小玉吧。她有病,二伯母要把她送进妓院。每次送人,都是您给算了命,二伯母听您的话,您行行好,为小玉说说好话吧。"果然二伯母请大伯父又来算命了,要挑吉祥日子送小玉进妓院。大伯父掐指一算说:"今年小玉犯血腥关,不宜进妓院,要等一年以后。"二伯母是很相信大伯父算的命的,小玉果然又闯过了一关。但过了一年后,二伯母还是把她送进了妓院。

小玉当了妓女后,挣了钱,二伯母也另眼相看了。她神气起来了,变了个人,不理睬我了。她坐着包月车来了,我正在胡同里玩跳房子。我心想:这号人,你不配跟我讲话!我就低着头跳房子,装看不见她。这个四姐小玉还干过一件对不起我的事:二伯母有一次喝绿豆汤,她吃了一半剩下了一半,说:"小凤,你吃吧。"我不敢不接这个碗哪。接过来,我小声跟小玉说:"老太太好心赏给我了,我才不吃这碗剩汤子呢!长了本事唱好戏,想吃什么没有哇!"小玉把这事告诉了二伯母,二伯母又把我往死里打。大姐说:"小凤就是没心没肺,你不吃就不吃吧,说那么多废话招顿打。"打我我还是不吃二伯母剩的东西。可是大姐姐吃月饼不吃馅,她就把皮儿啃下来,剩下馅让我吃。

我心里是不愿意吃，但大姐姐给我的，我就吃，因为她对我真心，我为了跟她学戏，处处讨她欢喜。

大姐姐教我唱戏，她对我怎么样我都顺从她。我跟着二伯父和大姐姐去了外地演戏，她穿的服装是自己的，住房虽是都在大庙里，可她住的是一干净单间；我是跟大伙住在一块，穿的戏衣也是衣箱上公共的，睡觉也不脱衣服，长了一身虱子。身上虱子我自己会逮，头发上长了虱子可真要命啊！戏演完回来，谁都讨厌我，特别是二伯母，见面就骂："小凤！你快躲开我！虱子会飞呀！"还用手绢捂着嘴。

大姐用煤油给我洒在头发上，细心地用布擦虮子。大姐虽然心眼好，疼我，可又没有耐性，爱犯角儿脾气，用手抓我的头发，一边找虱子一边骂："真可恨！这虱子可顽固了！小凤，你是死人哪？怎么长了这么多你也不言语？你可真是债多了不愁，虱子多了不痒哇！"大姐姐越说越气，手里揪着我的头发狠狠地用布擦虮子，因为用力揪掉了我好些头发。

我跟胡同里的邻居张小三学过捏泥人和捏面人，他是泥人张的后代，有家传的手艺。我捏的泥人上了粉彩很好看，二伯母叫我给她捏泥人儿。为什么二伯母这么上心呢？原来是那个开面铺的王胖掌柜看见我捏的泥人好玩，叫我为他捏几个，说是王胖子的儿子喜欢。二伯母把我叫到跟前说："小凤啊，你捏好了，王二爷会赏你钱哪。这两天给我捏泥人儿，别跟金香上园子了……"我一听气得没法儿，为了给王胖子捏泥人儿，不许我跟大姐去唱戏？我得给他使点坏。和泥的时候，我故意在泥里头不放咸盐、麻刀，捏好了照样粉刷好颜色。

我捏的泥人儿还是一出戏《双怕妻》，一个秃脑袋壳跪在地上，举着双手，伸着脖子，一看就像王胖掌柜。二伯母一看就认识，说："这小凤啊，真坏！这不就是王胖子跪下求饶了？"二伯母笑了，还夸奖我心灵手巧。

可是王胖子把泥人儿拿回去，没有几天就都裂开了，散了架子。二伯母骂："小凤这小死丫头！就不能给你好脸看！又出了坏招儿，王掌柜说泥人儿全碎了！"她"噌"地下了地，双手掐住我的两腮："你说是怎么回事？"二伯母用手狠劲地掐着我的脸，大声问："你说不说？"我死也不开口。二伯母松了手一推，把我推倒了，我一躲煤球炉子，一壶开水正好被我撞上，洒出来的水烫了我的脚。我也不知道疼，拔开腿就往外跑，一溜烟地回到我家，找了一把盐拍在脚上。还好，皮没有破，但起了泡，连脱袜子都疼得受不了。我受了烫伤，连个问的人都没有。我硬挺着照平常一样带着烫伤干活，每天还到二伯母院里学戏，跟着大姐去戏园子，我可皮实了！

二伯母家出了事。二伯父前妻留下的儿子月中跟二伯母长年不和，不好好上学念书，还说要跟二伯母白刀子进红刀子出。二伯母经常为他跟二伯父吵得天翻地覆。给大姐金香戒烟也是他家经常打闹的原因，最后大姐还是中了大烟毒死去了，这样我也不怎么去她家了。人死财散，紧跟着四姐小玉得了病，还有的闺女偷偷跑了，一家人搞得七零八落。我十一二岁时二伯一家卖了天津的一所房子，撇下了月中，带着他们的几个闺女去了东北营口，后来听说又去了大连。又听说二伯父死了，二伯母也不知到哪儿去了。这一家就这样消失了。

财　产

旧社会穷苦家庭的孩子就是一笔财产。记得人家生孩子做满月，大红纸上写着："多子多孙""子孙满堂"。年画上画一群小鸡，写上"多子"。

我母亲生了七个孩子，父亲身体不好，有肺病。母亲还说："要是你爸爸身体好，还能多生几个孩子。"

我是母亲的大女儿，也是家里的一笔财产。由于家境穷苦，要为家里挣钱干活，从小就学着做针线活、做饭烧火，连喊嗓子去都带上一个小竹篮，去火车道旁拾煤核，因为父亲做糖葫芦，用煤核熬糖最好了。

父亲最开心的是有这一帮孩子。他说："这是我的活'财产'！"

我家住在穷人区，住在这里的也有几家财主。在我们这些小孩当中，有一个男孩是个傻子，他是开粪厂子姚烟袋的儿子。姚烟袋是傻子的母亲，妓女出身，已经五十多岁了。粪厂子东家姚老头死去，姚烟袋就撑起粪厂子大事。她满嘴金牙，嘴里老是叼着玉烟嘴，喷着烟雾。就是说话，烟袋也不离开嘴边，两只放足的半大脚跐拉着踩倒了后跟的绣花鞋。傻子是她的独生子，娇惯得不像样，十五六岁的小子，还老是流着鼻涕，吐着舌头。说话不清楚，张嘴就喷唾沫星子。这个女人很能干，有手腕，粪厂子买卖很兴隆，住的房子很讲究，下人使唤着，出门还有包月车，脚铃一踩当当地响。大家对她又怕又恨又羡慕，给她起了一个外号"姚烟袋"。

我从小就懂事，会干活，一群小孩中，我算最受人注意的，也最知道疼人，喜欢帮人忙，谁求我，我都尽心帮助。天津妇女那时讲究身上带一个绣花口袋，挂在裤带上，从衣角下露出一点来，为的是好看。绣花口袋一年三节还要换花样、换颜色：春节用红色绣上聚宝盆、财神爷、金元宝；夏天绣荷花、绣兰花，要淡雅的颜色；秋天又要换颜色，绣菊花等。掏钱时还有意露出绣花钱包来。

姚烟袋知道我会绣花，多次求我母亲："小凤这孩子手巧，才十来岁就这么会做活，让她给我绣个口袋。"母亲答应了。春节叫我去帮姚家蒸花糕，上供用；五月节让我给姚家包粽子；八月节让我帮姚家烙月饼。姚烟袋对我非常亲热，她叫我"好闺女"，有一次我因为不愿意给她绣口袋，跟母亲吵起来了，我说："你是巴结人家，见钱眼开！"

姚烟袋原来对我有打算，也常常拉拢我母亲，小恩小惠地送点东西。姚烟袋跟母亲说："你们小凤是个有出息的孩子，你让她跟着金香学戏，赶明儿再跟着她二伯父唱戏去，长上翅膀就要飞了。我的意思，把小凤给了我们傻子，我这笔产业就是小凤的，你也跟着沾光。"母亲受穷怕了，听了很高兴，跟父亲一商量，父亲也同意了，不许我再跟二伯父他们上戏园子，也不许我跟金香姐姐学戏了。姚烟袋还答应把一间临街的铺面房子给我父亲，用我的身价钱作本，开一个小杂货铺。

我母亲和父亲悄悄商量的时候，让我偷偷听见了。我虽然还小，可是我懂得这些事了。我又气又急,姚烟袋要我给她儿子当童养媳,我不干!这姚傻子跟他妈一样缺德,好心眼没长,坏心眼不用教,他向来看见我就动手动脚,嬉皮笑脸,嘴角流着哈喇子,永远那副讨厌样子!

这个傻混蛋,我得治治他。一天,在门口遇见他了,他手里提着一个很漂亮的玻璃丝做的金鱼灯。这时快过年了,他看见我就说:"小凤啊!我妈说了你要到我们家来啦,给我当媳妇。"他追着跟我说话,我就跑,他就追,我有意左闪右躲,把他引到冰冻得很厚的路上,上台阶,下台阶,他穿着大棉袍子,一边跑一边大喘气,一下子摔了个大趴虎!金鱼灯摔坏了,他也被摔得鼻青脸肿。他妈出来心疼地问他,他却不好意思说是追我时摔的。

事情越来越急迫了,我又听见母亲和父亲商量着:"跟他们跑戏班靠不住呵!唱红了那要等哪天哪?再说远水也解不了近渴呀!给孩子嫁夫找主,谁也说不出什么丑话来。"

看瞒不住我了,我妈就把我叫到跟前说:"你到了姚家就享福了。他家有钱,有产业,独生儿子,过不了几年一合房,你就是当家的少奶奶了。"

给傻子当媳妇绝对不行。我随金香姐姐看过一个喝火柴头寻死的戏,真逼急了我也这么干,我找了一盒火柴把棍撅掉,包了一小包揣在身上。我跟朋友们说:"傻混蛋要我当他的童养媳,他想得美!也不撒泡尿照照。再逼我,我就死给他们看看!"这话说多了,传到姚烟袋耳朵里了,果然姚烟袋叫住我问:"小凤,你是要寻死吗?"实际上我是吓唬她们,我理直气壮地说:"是!我就是要死到你们家去!你们逼我嘛!姚娘,你死了这颗心吧!"

我母亲知道我跟姚烟袋闹了一顿,就注意我了。晚上发现了我

新凤霞和母亲

枕头下边草席上有一包火柴头，母亲害怕了，告诉父亲说："小凤要寻死，要喝火柴！"这话从我们住的大院里传到街上，到处有人说："小凤要喝火柴。这么小就要寻死觅活呀！"我们这一片街坊邻居都嚷嚷开了，就差打锣吆喝了。小孩们平时跟我好的也不理我了，三三两两地躲着我。姚傻子见了我就啐唾沫骂我。有一天我正在院里洗衣服，姚傻子跑进来骂我："小凤要寻死呀！"我手里端着水照准他一泼，从头浇到脚。傻子哭着走了，看来他没把这事告诉他妈，不然的话，姚烟袋准饶不了我。

我有意跟街坊们说，我愿意给家里挣钱，可是给傻子当媳妇不干，逼我更不行！火柴让我娘收了，我还能买，但我从此名声坏了，这么小就寻死觅活，长大了好不了！

父亲说："孩子不愿意，就算了吧。"妈妈唉声叹气，又心疼我。我对妈妈说："爸爸又老又有病，我会挣钱养你们，我会好好学戏，好好唱戏，唱红了当个名角儿。"我是说到做到的，我还去当过小工，赶包[1]唱。拜师后搭过很多班，京剧班、梆子班、杂耍，不论什么班我都搭，为了挣钱什么角色我都演。我不怕吃苦受累，但我怕亏心。照今天的说法是：不能委屈自己的意志。在旧社会我就知道拼命干是为挣钱养活我们全家，除了父母之外，还有这么多弟弟妹妹呀！到了新社会就完全不是这么一回事了。我仍是拼命干，这是从小养成的习惯，但我不再是家庭的一笔财产了。我生活、劳动，都有了崇高的目的，这是早年间怎么也想象不到、也不会懂的。

---

[1] 赶包：晚上赶两个或更多的剧场唱戏。

烟　鬼

我写过很多小故事，内容都是写演员抽上大烟白面，最后落泊潦倒死在街头，被收尸车拉走。收尸车就是木轮大排子车，旧社会一到冬天就有收尸车沿街收尸。大烟这种东西现在的青年人不知道，更不知它们的危害。这毒品只要染上，就葬送终身。

新中国成立，白面大烟在我们国家一下没了，这救了多少人呀。记得旧社会也说抽大烟白面是吸毒，也禁止，可是一边说禁，一边又有人卖。

记得刚唱戏，在天津南市聚华戏院，大烟馆、白面店一家挨一家。这里的财主朱寿山外号"朱胖子"，可厉害了。在这里唱戏的演员染上这嗜好的很多。记得这里著名文明戏改行的演员小侠松是台柱子，他在台上演《解毒大观》，劝人不要吸毒。可是在台下，他是吸毒的白面鬼。台上是主角，台下简直比要饭的花子都不如。抽白面扎海洛因，瘦得皮包骨，谁都看不起他。睡在后台墙角，地上铺上稻草，盖演戏用的布城道具布。用一个破罐头盒当锅也当碗，在后台炉子上煮点儿杂合面粥的菜叶子汤。这地方又脏又臭，老鼠成群，虱子成串，脑袋上还顶着蜘蛛网，谁过这地方都要用手绢堵着鼻子。

小侠松上台那真是有戏威，演老头、反派、正生，演什么像什么，连内行人都服他。可他下了场，躺在地上那堆稻草上缩着腿，团成了团儿，样子实在狼狈啊！小侠影是他的师兄弟，也是好演员，他们都是朱侠影的学生，受过真传。小侠影过冬连棉衣都没有，人家送他一身棉袄棉裤。他白天黑夜穿着，趴在地上拾烟卷头，那两只手长指甲不剪，能弹弦子。

当时聚华是南市有名的评剧戏园子，很多好演员都在这里唱过。李玉山师叔唱小生，精明能干，爱干净。他演戏也讲究，嗓子虽不好，可是会唱，是个好小生。我们小孩们都很佩服他。

李玉山师叔很随和，有空就教导我们："从小到大，戏班不教就化呀。做人要正，唱戏有板儿。可是难逃小日本的白面馆……"

小侠松又抽上了，外边阴天下着大雪。李玉山师叔提着一瓶卢台春，这是当时天津的名牌白酒，他带着可怜小侠松的口气说："来，拿过你的罐头盒来，喝几口暖和暖和。"说着给小侠松倒出半瓶酒。师叔把我拉到一边，小声告诉我："朱胖子说了，快封箱了，不等过年就把侠松赶出后台！他呀，是武大郎服毒——服也死不服也死呀！"他指着小侠松睡的那块地方说："你看，那是人能待的地方吗？春节快到了，后台简直没法进了，要赶他走！谁也救不了他呀！"

我看小侠松这么可怜，又这么可恨。怎么台上演戏这么好，台下一点自尊心都没有了，脸都不要了？抽白面，破棉裤袄烧得全是窟窿，棉花露在外面，像狗撕的。要把他赶出后台，那他到哪儿搭班去呀？寒冬腊月天，他出去就会冻死。戏班一封箱，前后台清锅冷灶，西北风刮着，人们都各自回家准备过年了，小侠松一人真可怜！我看看四周没人，就蹲在他面前用商量的口气对他说："松叔，您可应当把这口嗜好戒了，大伙都为您着急了，可别再抽了，更不能再扎了。老板要赶您走，您唱戏多好哇！"小侠松却对我说："得了！谁死填谁的坑，我有这口嗜好谁管得着！唱戏的在这不干就在那里干，哪死哪埋！"我说："您看封箱了，再开戏是年初一，您也过个干干净净的年吧！把您这身棉衣拆洗拆洗，理个头，刮个脸，您也是这个戏院的角呀！"他听了我的话高兴了，也因为刚刚抽完白面很有精神，把一身棉衣脱下来，用布裹起身子围在后台炉子旁边。

我把小侠松一身破棉衣用戏报纸包着，拿出后台，撒开腿往家跑。好在出了胡同就到了九道弯我家，但到了家我不敢把这包衣服拿进屋，因为虱子太多，又脏又味儿，进屋会臭气熏人。把包放在院里柴垛下边，用开水烫了，杀虱子。母亲一向愿意帮人，一边埋怨我，可又帮我拆洗，连夜烤干、拉平，还为他添上过年母亲为我做棉袄的好棉花。背着父亲，母亲催着我赶快给小侠松送去，临走塞给我几个钱说："你交给小侠松让他理发，刮个脸。"初一开戏，小侠松果然干干净净，白面抽足了，也有精神，见人就拱手，说："发财！"朱胖子本想把他赶出后台，可看他干干净净，就笑着说："呵！侠松今天真像个过年样啊，剃头刮脸新棉袄哇！"小侠松马上讨好地一条腿跪地请安，嬉皮笑脸接上下句说："财主哇，您出门捡个大元宝哇！"小侠影、李玉山等后台演员们都为小侠松高兴。散戏后李玉山耐心地找小侠松聊天，劝说他："侠松哥你今年过个好年，就要净身登高了，朱胖子也不提让你出班的事了，往后就好了。"小侠松高兴地说："是，借您吉言了，我是要改呀。"小侠影也热情对他说："咱们可是亲师兄弟呀，这口瘾要是戒了，你真是要什么有什么呀，往后你的包袱钱能少了吗！"小侠松摇摇头坚决地说："唉！哪有这么高的想法呀，这年头心比天高命比纸薄，就是只顾眼前快乐，哪管后来的结果。你们学好不是也净走死胡同吗？"

起初小侠松躺在后台抽白面，那身破棉衣露着棉花，没人理睬。这回穿上干净棉衣了，他一出后台，就被那些太太、小姐包围了。可小侠松有个毛病，一富余就摆架子闹脾气，唱戏说乐队不好，同台说演员配合得不好。不多久，又没人理睬他了，他就一个人拼命吸毒。

新年后没有几天，小侠松又躺在稻草堆上连抽带扎，老鼠成群地来了，虱子又都钻进他身上了。一天散了戏，我看着没人找小侠松，想劝他几句："松叔您又这样了，我心里替您难受，您是好演员，肚子里都是能耐，在台上演《解毒大观》劝人戒烟学好。"想起一张剧照，是小侠松演一个因吸毒成了要饭花子，披着麻袋片，身上裹着戏报，手端着破碗要饭。这张照片有一米多高，摆在聚华戏院门前。小侠松演这出戏非常拿手。我要求小侠松教我几句这出戏的数板："手拿着打狗棍热泪滚，人生难得是青春。想走正道路不稳，毒蚊恶狼缠我身，悔恨染上吸毒瘾，自己挖好葬身坟……"我把自己春节挣的加份钱都给了小侠松，还给他拆洗棉衣，李玉山师叔知道了骂我说："小凤，你把钱扔在水里还能听个响声，给了小侠松，就算扔进没底的井了。"

小侠松果然被朱胖子赶出来了，因为他已经吸毒吸得快死了，再也没有用了。最后还是死在"三不管"[1]，被拉尸车拉走了。他教我的数板，我还记得很清楚。

聚华戏院著名的评剧女主演有李银顺、花玉兰，而名小生就数李玉山了。他戏路子宽，文武都有，他的演唱内行人有一说："弓哑嗓，

---

[1]"三不管"：旧指天津市南市一带，清末日法租界初开，该地尚荒僻。日法两国领事馆无权管辖，中国地方官署亦置之不管，故称这一地区为"三不管"。

云遮月[1]，咬字清楚，感情真切。"李玉山平时穿戴讲究："分发头，真流油，西服革履。"

去跳舞场、下饭店，和妓女打牌、和小姐太太们捧角，李玉山的应酬多，精力不够、唱戏没气力、上台没精神了。从烟酒不动，到抽上美丽牌香烟，大伙说："因为是美人送的。"不久，又抽上大烟吸上白面了，李玉山自己打了自己的嘴巴。

李玉山上场，大领、小袖、靴子底的"三白"很讲究，永远洗得干干净净。染上嗜好了，大领不洗了，小袖黑得像揩布头子，靴底都看不见白的底子了，唱小生的不理发，露出鬓角，像两把刷子。唱《打狗劝夫》，他跪在当中，张氏劝说一段唱，他居然睡着了。惹得主演下场大哭。抽上白面、吸了毒品就没有一点自尊心了，财主朱胖子见头骂头，见尾骂尾。李福安师兄那时刚唱小生戏，我还只是演一些小角色，福安师兄为人老实忠厚，他父亲也是评剧艺人，对师兄管得很严，他看李玉山这样狼狈，在粉靴底时，为李玉山也粉上。我看师兄这样做，就偷偷为李玉山把大领、小袖都洗干净。福安师兄还特地叫着李玉山洗澡，请他理发。过年了，福安师兄还出头为李玉山凑钱买了新大领、小袖、白布彩袜子，我也把自己的份子钱给凑上。

李银顺演《棒打薄情郎》中演金玉双，李玉山演小生。李玉山躺在台上又睡着了，金玉双叫他醒醒，他就是死不动弹。李银顺脾气最大，真用脚踢他。可是他坐起来仍然连眼睛都睁不开，唱戏有气无力。下了场李银顺找财主朱胖子："李玉山搅了我的戏，他这样唱戏，我不干了！"

朱胖子当然要保护主角，当众骂李玉山："你不好好唱戏就给我

---

[1] 云遮月：京剧声乐名词，这种嗓音，开始听来似觉干涩，以后越唱越嘹亮动听，使人感到韵味醇厚，潜力无穷。

走!"李玉山当众挨骂也不在乎,他对我们说:"树有皮,人有脸,染上嗜好都算完,过一天算一天,死了喂狗饭。"

李玉山这要强要好的人变了。他躺在小侠松那块铺稻草的地上,瘦得像个鬼,西装、皮鞋、领带不见了。那些捧他的太太小姐、舞女、名妓都不着面了。打哈欠、咳嗽、吐血,那副可怜样就甭提了。

唱戏的一进腊月算是背月,腊月廿三封箱就一个钱不挣了,我师傅住在南市四箴里,这里住的艺人最多。一天下午我去师傅家,一进胡同口看见李玉山师叔身上穿得很单薄,双手抱着肩,冻得红鼻子红眼,靠着墙角打哆嗦,我手里端着锅,锅里是在增兴德买来的烫面饺。李玉山看见我,睁着一半眼,用嘶哑的声音叫着:"小凤啊!快救救你玉山叔叔的命啊,我……要死了……"我赶紧凑到他面前说:"玉山师叔,我这里有烫面饺,您先吃,我再去买,是我妈让我给师傅送来的。"李玉山并不想吃,摇着头说:"天津的狗不理包子、增兴德的烫面饺子都救不了你玉山叔的命啊!"他说着向我伸出双手要钱。天津女孩过年了,自己都把攒的钱拿去买红绒花,我正好身上有钱准备去买花。可玉山师叔毒瘾发作要死了,我得救他命啊!于是把口袋翻了底儿,全部给了玉山叔。师傅知道了这件事,狠狠地痛骂了我一顿,说是这种人可怜不得,他拿了钱进了白面馆,只是早死几天。果然在大雪夜里,李玉山被大雪压身,毒瘾发作之下冻死在四箴里。

我见着李福安师兄,他对我说:"天津唱戏的可不少,也出了不少好角,聚华戏院在南市是有名的评剧馆子,唱红了坑,唱黑了轰,酒色财气,样样是鬼吹的灯啊!"李福安师兄在旧社会成名很早,他在业务上勤学苦练,生活上艰苦朴素,烟酒不动。著名评剧演员小白玉霜、鲜灵霞、花迎春都跟他合作过,我从十四五岁就跟他合作,得到他的帮助。评剧小生李福安师兄可说是演戏台上有戏德,台下做人讲人格。在一九四六年我跟他在天津东马路国民大戏院演《风雪夜归人》,天津"八大祥"的小姐,非要捧他,给他送礼物——一摞衣料,他一件都不收。他说:"台上演戏学魏连升,唱戏的有骨气,台下我不能走那些坑人的老路。"我看到师兄的行为,拒绝了当时的租界里福聚堂、福仙池澡堂东家太太刘某的捧场。"台上有戏德,台下讲人格",我要一生记住。

我回忆这些,也是为使青年不要身在福中不知福,旧社会人想学好没有路,今天的青年,好路要兢兢业业地走,要珍惜自己的青春。

赵山东怕"仙刺猬"

旧社会戏班里讲究供神上香拜佛,老板财主每天烧香打磬,因为这些人做了亏心事,以烧香念佛自我安慰,假惺惺满面慈悲,手捻着素珠烧香念佛,可他们心狠手辣,什么坏事都干得出来。

唱戏的信佛是敷衍,后台祖师爷那是公认的,是唱戏的就得拜祖师爷,传说祖师爷是唐明皇,说唐明皇好唱,会吹会打,供唐明皇的习惯就传下来了。可也就是传说,唱戏的谁也不真信。只有一些善良的老演员相信,我们年轻人都说:"师傅学习财主老板了,信佛了。"这当成了笑话说。

我们恨财主,就常利用迷信整他们,因为我们平时只有受他剥削欺压的份儿。

记得一九四六年我在天津河东天宝大戏院演戏,这个戏院财主老板姓赵,外号赵山东,他又是后台的财主。这人精明能干,很会做生意,很会应酬当时的特务宪兵,可以说是八面玲珑。

赵山东信佛,烧香、上供。前台有佛堂,后台也供着全神像,地下窨也是供佛的地方,上午、下午分别专门有人收拾佛堂。但赵山东对演员非常狠心，阴天下雨还要演戏，他家生日、满月白唱戏不算，还要演员送礼，年节生意好的时候他真是钱堆成山哪，用麻袋装！可是我们演员生活却非常苦，他想尽办法扣我们的钱，天天满座，演员却吃不饱饭，大伙敢怒不敢言。

后台这个地下窖，是财主供"五仙爷"的地方。我们平时害怕，不敢下去。这个地下窖有一天突然被当时的特务宪兵看上了，说是这地方很僻静，于是他们常常绑着人下去用刑，不时有喊叫声从地下窖传出来，也有被打死的人拖上来。他们都是散了夜戏就来打人了，我们演员经过这里谁也不敢下去看，怕招是非。

财主每逢初一、十五上大供烧香，下去摆供。他手捻着素珠下去，磕头念经，对"五大仙爷"很敬重。所谓的"五大仙爷"，就是五种动物，按迷信的说法，长虫称为"柳七爷"，黄鼠狼被称为"黄大爷"，老鼠被称为"灰八爷"，刺猬被称为"白五爷"，狐狸被称为"胡仙爷"。

后台不许叫这些动物的名字，要是看见了只许叫"爷"，谁要是说出了它们的名字就要受罚，出了什么事还要挨打，说是"五大仙"显了灵。

前台经理处大玻璃窗落地，屋里经常招赌——打麻将、推牌九，来往人很杂，都是经理的赌客。有一次不知是谁把财主的皮大衣用烟头烧了几个小洞。这可把他气坏了，他找到后台，硬说这是后台人干的。演员们说：我们演员没有一个人进推牌九的房间。这财主也说不出是谁进去的，可他就肯定是后台的人干的。

后台烧水送茶的小孩叫小石头，这孩子也十四五岁了，他是街上小要饭的，演员们可怜他，就把他带到后台来烧水、扫地，干点杂活，这孩子很勤快，财主赵山东也常支使他干活，前台、赌场也让他去收拾。赵山东硬说是小石头进屋了，是他偷烧的。小石头害怕地说：

一九四五年摄于天津

"我不知道。"大家出来证明说,小石头一直在后台烧水干活,根本没到前台去,肯定不是他,小石头可没有这个胆子。

赵山东大怒说,不管是谁烧的,就要我们赔偿他的损失。我们大伙给他白唱了三天戏来赔他的皮大衣。大家有气只能往肚子里咽。

唱三花脸的杨星星,我叫他大哥,因为我也姓杨,人家都说我们是兄妹,他平时胆小怕事,连一句大话都不敢说,可他眼看财主这么不讲理,他说非整一下子赵山东不可。大家同意,说这口气得出。

星星大哥不知从哪儿找来了一窝小老鼠,他神秘地对大家讲:"好了,今天请来'五爷'们,给赵山东送去。"他叫小石头送到财主的经理室里间屋。小石头平时最爱玩小动物,他可不害怕,星星大哥又跟小石头耳语了一会儿,好像在商量什么,小石头连连点头答应。

小石头趁屋里没人,把小老鼠放进里屋,在屋门下边钉了一个小钉,拴了一条细绳子拉出门外边,又把小老鼠放在财主睡觉的床下。小老鼠还小,爬不快,慢慢地都爬进财主的棉鞋里了。星星大哥也不知又从哪里找来了一只白刺猬,也叫小石头放在床下边了。

财主赵山东总是散戏后算完账目,等打牌的人都走了才回到他的临时睡房休息,他睡到半夜听见老有出气的声音,还有打呼噜的声音,赵山东起床开开灯一看,啊,原来是个胖大的白刺猬!他慌了神儿,心里害怕,吓得他连连倒退,不小心脚踩在小老鼠身上,吓得赵山东失声大叫:"刺猬!老鼠!"话出口,他才想到不该说名字,赶快趴在地上磕头,嘴里还不住念着:"白五爷呀,灰八爷呀,我有罪,我有罪!"他吓得手忙脚乱,一转身碰到脸盆,又撞到了暖壶。这也都是预先为他放好了准备他碰到的,这时大刺猬和小老鼠在他面前乱跑,吓得他想溜出门去。因为天热,赵山东睡觉不关门,可他亲眼看见屋门慢慢地关上了。这下他更害怕了,他想拉开门,但门拉不开,好像有人跟他对拉着。赵山东哪里知道这是星星大哥在门外拉那条拴好了的绳子，这可把赵山东吓坏了，赵山东不住地"哎哟"，吓得磕头如捣蒜。刺猬到处乱爬，小老鼠满屋子乱跑，赵山东一个劲地说："求白五爷、灰八爷保佑！"星星大哥和小石头在门外都听见了，想大笑可不敢出声。星星大哥抱着头蹲在门外直吭哧，赵山东也以为是"五仙爷"显灵了，他许愿说："明天就给您上供。"

他们看着赵山东洋相出够了，时候也不早了，就各自回去睡觉，第二天看见赵山东两眼红肿，他垂头丧气地来到后台，对星星大哥说："星星呀！昨天晚上'灰八爷''白五爷'显了圣了，我要上供保平安，说不定要出大事呀！我亲眼看见的呀。"

星星大哥说："快到五月端午了，要演应节戏了，得许愿上全供、吃全席。"赵山东说："行，我不在乎这个，这叫花钱消灾！过端午节大家给我演好《白蛇传》，挑了好日子先上供！"

看着赵山东走出后台，星星大哥挤着眼睛笑着说："这赵山东不整他这一下子，他能掏出一个钱来吗？这叫善财难舍呀！"

后台摆供烧香，财主磕头求顺当。星星大哥学得最像了，他也学着赵山东的样，毕恭毕敬地磕头，对着"五大仙"神位说："'五仙爷'显了圣，昨晚'五仙爷'显圣，一顺百顺哪！"

赵山东做出慷慨的样子，对前后台主要的演员和茶房等说："吃一顿饭吧！"星星大哥说："吃这顿饭得感谢'五仙爷'呀。"

不想赵山东跟千德庄的戏院财主两家争行斗市，被砸了戏园子，赵山东说："我就知道，'白五爷'和'灰八爷'显了灵。是福不是祸，是祸躲不过呀！"

卖糖堆儿[1]

我从小就懂得替父母解忧。家里一间屋子，六个弟弟妹妹，屋小人多，人挤着人，脸看着脸。我懂事早，从十一二岁就把自己算在大人堆里。母亲家务活忙，还要领来针线活做，挣点钱补贴生活。我能拿针了，就帮助母亲做活，也能学点针线。过年过节，也帮着洗被子缝补衣服。父母爱面子，家里再穷，也要讲究干干净净。八九岁我就爬上窗台擦玻璃，踩着小板凳上柴灶烧火做饭。

父亲为了养这九口之家，做糖货、蘸糖堆儿，自己做自己卖，天天早出晚归，串街走巷，还得吆喝叫卖。时常嗓子哑得说不出一个字，咳嗽吐了血，得了肺病，这样劳累也不能休息。糖堆儿最怕腾货卖不完，一放过夜就全化了。父亲去做买卖，手里挎着满满的一提篮糖堆儿，每天回家我先看看提篮，再看看父亲脸色。如果篮空空的，父亲满脸轻松，就是糖堆儿全卖完了。父亲低着头回来，提篮还有糖堆儿，父亲脸色阴沉，我心里就很难受。糖堆儿是最容易化的，看着父亲发

---

[1] 糖堆儿：天津方言，指糖葫芦。

愁的样子，我心里就产生一种责任感，要替父亲解决困难。有一回我跟父亲要求说："爸爸我去园子顺便把这些腾货卖了吧？"父亲坚决地说："不行！一个小闺女去卖糖堆儿，这可不行啊！"母亲是支持我的，说："那怕嘛的？小闺女怎么不好？怎么也不能让这么多的糖堆儿都握在手里，眼看着化了呀！"

  我把父亲的提篮挎在胳膊上决心去卖。出了家门走在胡同里不敢吆喝，把糖堆儿篮子放在地上，我蹲在旁边，对着这么多糖堆儿发愁。来往的人一个都不理睬我，大人小孩看看转身就走了。我实在没有办法了，提起篮子，得上园子唱戏呀。我去唱戏的园子是天津南市庆云大戏院，戏院所在的这条街最热闹，各种商店一个挨一个，小摊叫卖的也很多，可从来没有女孩子挎篮卖东西的。进了后台，看见扫后台看门的王玉山大爷，我怕被别人瞧见，挎着篮子对大爷说："我爸爸又腾下了这么多货没卖完。我想替他卖，可张不开嘴吆喝。把篮子先放在您这儿吧。"大爷同情地说："那怕什么？你是唱戏的，俗语说：'唱戏的不怕丑，张开嘴就能有。'"我在大爷鼓励下，提起篮子走到前台。那时戏园子男女分座，男座在池子当中，两廊是女座。我不敢去池子，沿着两廊靠边走，手举着一串糖堆儿，很小声地向那些女观众吆喝："糖堆儿！"戏院出现了我这个十二三岁的女孩儿卖糖堆儿，引起了一些观众交头接耳，我大着胆子吆喝，可是吆喝的声音越来越小。一位老奶奶问我："哎呀！你们家没有大人吗？干嘛让你这个小闺女挎篮卖糖堆儿呀？"我说："我爸爸病了。"这位老奶奶自言自语说："这是被家所累呀！"她转身面向观众，用手指着我说："给小孩买两串糖堆儿吧，大伙帮一手，可怜可怜这小闺女吧。"这位好心的老奶奶一帮我，你一串，她两串，没有走出两边廊子，我的篮子就空了，我心里那个高兴劲儿呀，真没法子说了！

我赶快化装扮戏，误了戏就有被开除的可能。幸好没误场，我满心高兴地唱完了戏，赶着下了装，脱下戏衣，去穿棉袄，啊！卖糖堆儿的钱没有了！我怕丢脸，不敢哭，不敢嚷，急得跺脚捶头。王大爷同情我说："这一伙畜生！这群吸毒抽白面的大烟鬼们！典老婆、卖孩子、哭死人的钱也敢偷！你以后小心吧。"我挎着空篮子回家，进门把提篮一放，低头不说话。父亲拉我出了屋，问我怎么了。我告诉父亲后，父亲没着急生气，反倒劝我："小闺女卖糖堆儿是不易，伤财别生气，生气不该，财去消灾！"这时母亲听见了，一下子就炸了窝！母亲赶出来对着我的脸说："你看看，我早就想到了吧？我给你在棉袄怀里缝了一个口袋还别了一个别针，你怎么不把钱放在里边口袋啊？真是倒霉遇上屈死鬼呀！看看！一个子儿不留全丢了，还不如你别去卖了，化了还看得见那堆糖水呀！这可好，连个影没看见！小凤啊，你怎么不把钱放好啊！"我说："我太高兴了，怕误了戏，一忙就全忘了。"

父亲说："别埋怨孩子，我本来就不愿意让小闺女去卖糖堆儿，以后可别去了。行了行了，只当是糖堆儿都化了，前勾后抹别提了。"

我还是经常把父亲卖不完腾下的糖堆儿，上园子顺便在路上就卖了。在街上胡同里敢吆喝，在戏院两廊、在池子当中也敢吆喝了，像头一回上台唱戏一样，渐渐胆子大了。卖完了把钱都存放在王大爷手里。

父亲心疼我说："不要老让小闺女去卖腾下的货了，太丢人了。"母亲也心疼我说："是不能再让闺女去卖葫芦了，小闺女满街吆喝'糖堆儿'，往后找婆家都难啊！"我说："我才不在乎哪！我是卖过糖堆儿，怎么着？"

红闺女

中国一年三节：五月节、八月节、春节，都是农历的好日子。五月节收了麦子，八月节过秋收，春节正是冬闲了。这三个节中国人最重视了。

我是在天津长大学戏演戏的。天津人过节可讲究啦，春节最热闹，家家户户、老老少少一年忙到头，都是为了过好春节。大人说："过春节，穷人年关，富人年欢。"年关，是还账的日子；年欢是吃喝玩乐、接闺女带女婿、走亲戚拜朋友的日子。一进腊月就有春节的气氛了，不许说"少了""不满了""没有了""不够了"等。包饺子如面少了，就说"馅多了"。缸里水少了，要说"浅了"，或者说"缸过水"。

腊月一开始就忙过年。"腊八腊八，金豆子到家。"腊月初八泡腊八醋，就是把剥皮的大蒜泡在醋里，这种醋等到年三十才能吃。

腊月二十三灶王爷要上天，向玉皇大帝述职。家家过小年，这一天，人们要把一些用麦芽糖制成的元宝形、瓜形、圆球形的糖瓜沾供奉在大小灶口，这就是人们常说的"送灶神用糖瓜沾，年年保平安"。

到了夜里，把灶王爷从厨房墙壁灶王板上请下来。请下灶王爷时人们得烧香磕头，而后把绘有灶王的神像烧了。在烧神像时，人们还要念念有词："灶王爷上天了，要有一句说一句。不要造假生闲气，保佑咱顺顺当当。"到了三十，再买一张灶王爷像供上。

"腊月二十四，扫房糊窗户。"要把屋子卫生搞好，要拆洗被子、扫房、刷房、糊顶棚、擦玻璃。

"腊月二十五，旧衣新布补。"要把新衣服做好。有孩子的都得给他们备上新衣，没新衣补块补丁也要新红布。

"腊月二十六，备面备鱼炖大肉。"这是准备年货的日子。

"腊月二十七，杀鱼杀鸭杀公鸡。"母鸡是不杀的，留着春天下蛋。

"腊月二十八，白面发。"要发面做蒸食。主要是蒸馒头，要做出豆馅的、红白糖馅的，还有一些小动物的。比如长元宝形拉出一个尖嘴，用绿豆作眼睛，用剪刀剪出一个个刺来，做成"刺猬"。还有"老鼠拉木锨""小猫""小兔子"。还用油和面炸出很多面食：小麻花、小方块、小斜块等。装进面口袋，晾在院里。另外还得做出许多菜，放在缸里，并把缸放在院里冻着。都是留着正月来客吃。因从正月初一到十五，不许动菜刀。

"腊月二十九，对联门上走。"家家都要贴对联、门神。横联多是"出门见喜""见面发财""财神上门"等。有的把"福"字倒贴，意为"福"到了。更丰富热闹的是窗花剪纸：数不完的动物花样贴在玻璃窗和白纸窗上。剪纸有各种古老的花样，如"聚宝盆""金马聚""财神送宝""肥猪拱门"等。

年三十要供全神像，请来灶王爷像供在灶王板上。这天，家家都在早晨扫一次地，之后就不能再扫了。晚上地上还要铺上芝麻秸，人们在上面踩来踩去，这叫"踩岁"。黄纸钱要贴在门口、窗上、神像

摄于一九四八年

两旁。用金银纸做出金、银"元宝",贴在窗上,供在桌神像两旁等处。用芝麻秸插在大花盆里,粘黄纸钱、金银元宝、红绿彩纸条子,写上吉祥字:"大发财源""招财进宝""全家欢聚""日进斗金""万事如意"等。年三十整夜守岁,不睡觉。老太太玩纸牌,小孩掷骰子。过了十二点接财神,全家烧香磕头,放鞭炮。

年初一女人要穿一身红,头戴大红花,才能出门见人,小孩见着长辈磕头拜年能得红包。如不穿红是忌讳,不吉利,人家见着要啐唾沫。

我从腊月二十三小年起,就要忙着过年的活。过年要穿一身红也不容易,因为家里穷,没有钱买红布,便用面口袋染红做衣服。红衣服做好后,便把它放在枕头边,自己高兴得一会儿就要去看看,因这红衣服要等到年初一凌晨接完神后才能穿。过年,家里给我买一朵聚宝盆红绒花,我把它戴在脑门当中,为的是颜色鲜艳,叫人看得见。大家喜欢我穿一身大红衣、脑门前戴一朵聚宝盆大红花,叫我"红闺女"。给大人磕头拜年大红花碍事,不是碰了,就是被风刮走。我在脑门前用红绒绳扎个小辫,把绒花扎在小辫上不会掉下来。可是二伯母骂我:"一朵大聚宝盆戴在脑门儿上,像个傻大姐!"

戏班过年更热闹,后台供桌上供着全神像。这是财主挣钱、演员受累的日子。那时前后台通着,随便出入,有观众来后台要看看演员的穿戴。初一这天,在后台煮一大锅红枣汤,穷苦演员和我们小孩儿争着端红枣汤,为了得红包。一小碗红枣汤至少得四个红枣。端红枣汤时要先说吉祥话:"您接元宝吧!您喝元宝汤吧!"我总是规规矩矩站着,心里想着红包,待对方接过红枣汤碗,便趴地磕个头说:"祝您发财,元宝到手,越过越有!"对方给个红包,再磕个头说:"愿您发财!"说完就走。

我端"元宝汤"最多了，得的红包也多。人家看我是小孩儿，又穿一身红，脑门戴朵大红聚宝盆，双手端着元宝汤，吉利，就愿意给红包。我得了红包，回到家一个钱也不留，都交给母亲。父亲有肺病，吐血。我对母亲说："给爸爸买药，消炎去病。"

天津年三十晚上就忌女人，除去家里女性外，不许其他女性进屋了。有钱人和大买卖家要在年初一天亮请一个童女来闹市，图吉祥。开市要念"吉庆歌"："门市大吉，吉庆有余；开市我就来，保您大发财；开市我快跑，您家进元宝；开市走进门，请接聚宝盆；开市戴红花，财神到您家！"我这身红讨人喜欢，叫我去开市的人家就多。人说："哎哟，红闺女来了，多好哇！"我念吉利歌清清楚楚，很受欢迎。

有一年我连着给三四家有钱人家开市。有一家给我抓了一把点心，我不吃。还有一家给抓了瓜子，我连看也不看。我空着肚皮早五点赶着一家家去开市，饿得心里慌。腿软脚下急，迈门槛一下子摔了一跤，门牙摔掉了半个，嘴唇也磕破了。带着伤也得去呀！这是最后一家，进门就被他家大人孩子连推带搡地把我轰赶出来了，还大骂："真他妈的丧气，嘴上流着血就进我家大门！"我转身就向胡同跑。不想他家老太太在屋里喊叫："快！叫那孩子进来！她带着红了！吉祥啊！快点吧！"忽然又死拉活推，把我叫回了屋。我进了屋就开口念了吉庆歌，老太太笑着，张着没有牙的嘴，哆哆嗦嗦地给了我一个红包。出了大门，我心里想着他们骂我的样子，心里好难过。年初一不许哭，要是一哭，一年不吉利。自己劝着自己，我把红包交给母亲一看，才两个铜板，我从母亲手中抢过来就扔在院子里。二伯母说："小凤啊，年初一向院里扔钱可不吉利呀！快捡回来，进财！"她开了门把我向院里雪地狠劲一推。我用手去雪里找，两只手冻僵了才把两个铜板找

摄于一九五一年

回来。我进了屋,二伯母说:"好了,把财找回来了,拿来入库。"她把钱装进了自己的口袋。

三十过了,讲:"初一的饺子初二的面,初三的合子团圆饭,初四初五是破五的饺子多多煮。初六初七初八九,大鱼大肉鸡鸭参虾吃个够,子子孙孙都长肉。"初十到十五煮元宵不许数个,要说"无数",是吉祥。

从腊月小年到正月十五要热闹近一个月,年才算终于过完了。

小动物情趣

一个人应该养成爱劳动的习惯，应该勤奋，另外趣味还要广。这都和从小的培养、各自成长的环境有关。

我这人从小就闲不住，睁开眼就忙。天蒙蒙亮起来，很多事早排好队等着我了。父亲是做小买卖卖糖葫芦的，每天要上早市去卖货。我总是比他早起来，先去喊嗓子，回来就忙家务活。家务事干完就该去二伯母家学戏了。幸好他们家人是夜游神，夜里不睡早上不起。到了他家，我先给二伯母干活。我从小记住了两句话，一句是"做闺女的，能够吃苦受穷不能脸红"，另一句是："干什么活都有个样儿，不能叫人背后骂，给人家留话儿；好话叫人家心里说，背地给你大拇哥儿。不图便宜不取巧，总叫人家说声好。"

我处处逞能，什么活都敢干。就这么忙我还有很多爱好，我特别喜欢小动物，好看的蝴蝶、蜻蜓、蝈蝈，我攒了很多，用针从背上一扎。那时我们家的窗户是一格格的木条，用白纸糊上，虽不透明也很亮堂。我就把攒的小动物，用针都扎在窗户棂子上。有一次我可伤心了，偷偷地掉了眼泪。那是过春节扫房，一家人七手八脚地扫房糊窗户。我的那些蝈蝈、蝴蝶、知了等，几扫帚就全都完了。真伤心哪，我心疼得蹲在地上一个个捡起来，可也都碎了。后来我就不扎在窗户棂子上了，把它压平夹在花样子本里。开始是一个硬纸的画图本本，后来大伯父给了我一个写大字的毛边纸本本。小动物夹在里边看得清楚，闲着时自己看看，心里美滋滋的。

大伯母娘家在农村。去那里为了扑一只好看的蝴蝶，我曾被野玫瑰扎得胳膊、手流血。各种颜色的蝴蝶吸引着我。我忘了野玫瑰的刺是很厉害的，那次回家带着伤，连脸都被扎破了。大人问我，我不敢说。

记得五月节小孩时兴戴"五毒"：蝎子、蜈蚣、长虫、蛤蟆、壁虎。我本来胆小怕这些东西。可为了要剪这些窗花贴上，还要用绸子缝做出来，我就把它们捉来，装进瓶子，一天看多少次，翻来倒去看各个侧面。我剪好，用各种丝线缝制好。做得可真像啊！看看我做的一串串的"五毒"挂在墙上、贴在玻璃上，挂在小孩身上、老太太头上，我就高兴极了。

要下雨了，蚂蚁成了堆。这小玩意儿能背着比它大几倍的食物，它们成排地爬，来回地倒腾，我能蹲在那里看半天。有的小孩用脚踩它们，也有的用水泼。我都觉得太残酷了。它也是一条小生命啊！让它自己散了吧，我就这样念叨着。我不是迷信，是喜欢小活物。

我抓了一瓶子臭大姐，放在鸡窝旁边。鸡看见瓶子里的臭大姐，就拼命用嘴去啄瓶子，啄得瓶子咚咚响。让我二伯母听见了，她抓着我的小辫着实打了我一顿。我心里也明白，抓别的虫子可以，臭大姐是讨厌的臭虫，太不知干净了！

斗蛐蛐是男孩子玩的事，可我喜欢看。一次一群男孩儿围着蛐蛐罐，我被这好玩的事吸引了，凑进去也蹲在当中看。我托着下巴正愣着神儿，啪，一巴掌，打得我一愣，嘴好痛啊！是二伯母从背后打的，我没防备，咬破了舌尖出了血。二伯母把我抓回家，骂："你这死丫头，跟那帮野小子看斗蛐蛐！你都疯过头了！"我脑子里还在想着蛐蛐互相争斗的情景。敢情动物也知道争先不服输哇。最不可爱的是磕头虫，一手掐着它身，用手弹它一下，它就磕头。挨打服输的动物，我不喜欢。

我从小学戏，每天睁开眼忙家务活就忙得脚朝天。可我还是有很多兴趣。如对二伯家的狗、我家的小花猫，我十分用心伺候。出门去，手里抱着小花猫前头走，后跟着一条黄狗，我心里可高兴了。但不敢在家里抱着猫、狗，因为活计太多，没有闲工夫。

小花猫一只黄眼睛一只蓝眼睛，两只长毛大耳，走路一扭一扭的，是个公猫，可爱极了，性格非常温柔。为了它我天天去扒垃圾箱，找鱼肠子、鱼头、鱼尾；喊嗓子回来宁愿多绕几条街，去南门大街买小猫鱼。我找了一个罐头盒，口上对头砸两个眼，拴一条铁丝，用它煮猫食，不让猫冬天吃冷食，怕它拉稀闹肚子。有一次我给小花猫洗澡，把它放进小木盆。忽然它打哆嗦了，我以为它要死了。我解开棉袄，让它贴着我胸口暖和。它暖和好了就要下去，我紧紧地搂着它，它在我胸前抓了好多血道子。我为小花猫织了一个小毛背心，还做了两个小绒球，让它扎上，跑起来一闪一闪的，可好玩了。小花猫跟我很好，我回家晚了它在门道里等我。因为我打过它，不许它跑出大门，它就乖乖地在门道里等我，进门它仰着头喵喵叫。小花猫像小孩儿一样招人喜欢。

那时天津家家有把大茶壶，为了保暖，外边有个草编的壶套。我家的大壶套可暖和了，包上一层棉花，再包上一层布。天津陪嫁闺女时都用这个壶套，用软缎再从上面绣上龙凤呈祥的图案。我把一个旧壶套重新垫上碎棉花套子，给小花猫当窝，还给它做了一个小棉被。我在它旁边坐着练唱，它也"喵，喵……"地叫出声音，两只眼睛还望着我，天天跟我一块练声，那样子可爱极了。我为了跟它在一起都躲到人少的地方，怕人讨厌。

小猫每晚跟我睡觉，它喜欢在灶台上舔自己的毛。我抱起它来，它就舔我的脸，抓得我脸上、胳膊上很多血道子。我提着小罐头盒煮猫鱼，腥味出来了它就围着我叫。我就有意逗它，馋它，它在我脚跟蹭，用小爪子抓我，摇着尾巴跑前跑后。我让它给我表演，它就听指挥给我表演。我跟它说话："你等等，姐姐给你拿碗。"它就真的乖乖坐下等我，等我放好吃食，它闷着头吃得那个香呀，还边吃边哼哼着。吃完了它向我看看，摇摇尾巴。我双手一拍它就跳到我怀里来了，向我道谢似的撒娇。我拍拍它，吻吻它。我要走了，它跟着我，看着我，我让它回家，它真的跑回家里。

小猫是有情义的。后来小花猫忽然不见了，有人说是因为它的皮好看，被打猫的商人偷走了。我想它，还流了不少泪。

二伯父家有一只小黄狗，狗是会看家的，我跟它最好。除了小花猫，我唯一的伴儿就是小黄狗了。它跟我坐在台阶上玩，为它顺顺毛，给它洗澡，偷偷亲它。因为我常抱着小黄狗亲它，我身上有小黄狗的腥味。有一次大姐闻到了，她狠打了我一顿，说是我身上有狗腥味儿。它很懂事，我告诉它别跟着我，跟我二伯母要打。我去二伯母和大姐屋里，它就不进去，在院里等我，看我一个人出来就扑在我身上叫我抱它。要是有人跟着我，它就不敢扑我身上，真懂事。二伯母家夏天总是用双妹牌花露水。我就把花露水撒在凉水盆里，泡着毛巾随时给二伯母和大姐擦脸。我也抹些在脖子上，花露水香味就遮了狗腥味儿了。

二伯父给我吊嗓子，小黄狗在一边坐着，好像它也懂。二伯母打我，小黄狗就乱撞。它跟老母鸡咬起来，老母鸡翅膀都立起来了。二伯母不打我了，小黄狗摇着尾巴走开了。有一次因为我闯了祸，二伯母把我锁进一间堆东西的房里，我的鞋却扔在门外头，小黄狗叼着鞋在门口等我。我从门缝里看它对我这样好，感到十分亲切！它去大姐门前撞门，把大姐姐领来，开开门让我跟大姐一同走。它在边上跟着，边走边看着我。我想着戏的名字《黑猫告状》《黄犬救主》，小猫小狗真的是通灵性的。

可是狗要是翻了脸就不认人了。记得过八月节前，我们家很忙，二伯母家更忙。这时来了一位被困的演员，穿得破破烂烂的，在门口蹲着，是来我二伯母家求帮助的人。看他那可怜样，我告诉大姐，大姐让我给他送点吃的，还给了点钱。这小黄狗对着来的人汪汪叫个不停，这时我双手端着一个大碗，是一碗面条，是大姐让我给来人吃的。我向那人递过去，钱也给了他。可这时小黄狗一反常态，蹦起来就向我扑来，对准我的腿咬了两口，然后发疯似的跑了。我血流出来了，裤子鞋袜都湿透了。大姐找大夫给我打了三天疯狗针，说是防治疯狗病的。从此大姐不许我养狗。

蚕，是一种温顺的动物，那时女孩儿养蚕是很普遍的。头一年的蚕子，白白的，一粒粒粘在白毛边纸上。转过年来，蚕子变深些，就要出来了。刚刚出来的蚕很小很小，像小蚂蚁，这时喂它们都是用嫩桑叶，要出城到我大伯母娘家的农村才能找到。去农村要帮着人家干活，临走才能让我采点桑叶。城里住家不种桑树，因为桑字不吉利。天津那时串街有卖茉莉花、玉兰花的，也常卖桑叶，但他这样吆喝："蚕姑姑来了！"却不说"桑"字。

养蚕要干净。蚕是神虫，穷人家的小姑娘养蚕可不易。但只要真心喂养，蚕姑姑可填活人。它日夜吃食，夜里可听见蚕吃桑叶刷刷的响声。蚕爱干净，随时需要清理蚕粪，我用两个大帽来回倒蚕粪，留着晾干给老人做枕头。伺候蚕姑姑还要洗干净手。眼看着它一点点长大，身上是凉凉的，喜欢安静。蚕不吃五月桑，要吐丝了就不吃桑叶了。蚕要吐丝了，我就在大伯父的一个砚台上糊一张毛边纸，蚕在这张纸上吐丝。这块丝就放进砚台，正好吸墨水，大伯父写字用。蚕作茧时，有白有黄，黄色的贴个虎脸，加个尾巴，做小老虎戴在老太太头上，挂在小孩儿身上。

蚕只有短短的生命，吐丝时它不吃，吐尽后留下蚕子，把自己的一切都贡献给世界。它的生命结束了，却留给人以温暖。蚕可敬又高贵！

养小动物是一种生活情趣。作为演员，这种情趣越多越好。

儿时天津记事

我小时候从祖母口中知道我们是江苏人,祖父在苏州做过县官。后来祖父出了事,祖母带着孩子来天津安了家。大伯、二伯、我父亲是兄弟三个,还有一个大姑母是祖母的长女,也是好帮手。我们这个家数大姑母最能干,她三个弟弟都得听她的,因为大姑母是寡妇,她守节立志。那时候节妇人人尊重,在家里一切都是我的大姑母做主。老祖母说:"我十五岁过门,十六岁生女,十七、十八就接连生了儿子。生儿育女是妇人的本分啊。"我父亲排行为四,上有大姑母、大伯、二伯。

祖母说过:"你祖父出了事,我从南方来到天津投亲,家里出了大事,投亲人家都不敢留哇!还是在一家不是本姓的远亲家里住下了。"祖母是怀着孕来的,在天津一位好心的人家生下我父亲。父亲比大姑母、大伯、二伯小十多岁。

我们家是落魄的旧式家庭,说是祖母到天津后,祖父就被杀死了。祖母有文化会认字,大姑母、大伯父也都认字,二伯父认字不多,唯有我父亲不识字。他们有一个共同点,都胆小怕事,一有狗叫鸡鸣就吓得一哆嗦!

大伯父是长子,连祖母都要听他的,祖母有时流着泪自言自语说:"唉!在家从父,出嫁从夫。夫死从长子,家有长子、国有大臣,这是妇道哇。"大伯父是一个又黑又瘦,留着两撇小八字胡,一点也不可爱的人,在家里他和谁也不说话,说话就倔,人人都不理睬他,他是好话没好说。家里人都怕他,连大姑母都要看他的脸色行事。他识文断字,会看病,开中药铺,是个中医。他还会批八字、算命、看相,他开一个小中药店,自己看病,又在门前摆一个卦摊算命,代写高等家书,代写诉状,还会合婚批八字写喜帖……

大伯父是我们家的"圣人",他是这一片邻居中有学问的人。因为他会写对联,每逢年过节老有人求,旧历春节、五月端午、八月中秋、红白喜丧事,都来求他写对联。平时找他看病的数不过来,连一顿饭都吃不整。大伯父跟家里人发脾气、耍威风,跟外人却很礼貌和气,看病不收钱,走去走回。他戴着一副眼镜,衣服料子不好,但老是长袍子马褂。见了同院人他高兴地拱手作揖问好,抬头不见低头见的同院邻居,大伯他也是很讲礼节:"三爷、四奶奶您好!"明明是夏天,同在院里地上摆个小饭桌吃饭,眼观鼻子、鼻子观眼,谁都知道谁家吃了饭没有,吃的是什么。大伯总是先行礼说:"三爷,您吃了吗?"人家再回:"杨大爷,多谢了,我吃过了,还是老词儿,贴饽饽熬小鱼儿。"两人拱个手,点个头,行个礼。我看见大伯那一严肃劲儿,又害怕又要想笑,心想简直像唱戏!

大伯父有个性,有一些穷苦人请他看病、写对联、算命、批八字、合婚、看坟地风水等,只要是熟人他分文不取,概不收礼;要是不认识的找他,他就说:"要是交情我是一个子儿不收,这是买卖生意,你用我,我出力,该多少你得给多少,你得信服我,从心里愿意的事,要不你另请高明！你别搭人情，咱们也没有那么多交情。"

旧社会以貌取人，又要讲衣帽穿戴，我大伯父是我们全家最有威风的人，他的脸色不好了，从祖母到大姑母、二伯父、我父亲都不敢出声，孩子们更是连大气都不敢喘了，我躲在一边一动不动，因为我是一家人最被讨厌的小催巴[1]！我们家要一切先照顾大伯父，凑钱给他买穿戴，祖母说过原先逃出来也有点积蓄，开了个小药铺。同行们都看不起他，大伯父又是不会说天津话的南方人，他这个小药铺也不出名，又加上大伯父不会讨人好，说话不招人喜欢，倔脾气冷脸子，终于把药铺赔光。来到天津那会儿还算富裕，有热心人给大伯父说亲，大伯父就娶了个天津郊区杨柳青的乡下人。大伯母为人很善良，能干、麻利，伺候婆婆、大姑子，照顾二伯和我父亲，是家里干活最多的人。可是她很可怜，我大伯父不喜欢他，从来没有看见过大伯父跟她说过一句顺当好听的话。除非要东西、派她做事情才开口，那副冷脸很吓人："喂！把桌子上的笔洗了！纸都收好，这一堆是洗的，这是缝的！这是配药你给炒好，这一包你给碾碎了，这一包给剪了……"大伯母低着头站在他面前，就像保姆在主人面前一样。大伯母盼着生儿养女，可惜她没有开过怀。老祖母是有文化、心地善良的人，对待儿媳非常好。她自己有古书，都是一人静下来时看。大伯母娘家在乡下，生活也很苦，过年过节送点土产来，大蒜、红豆、小枣儿、江米面、鱼、活鸡、鸭、猪肉……大都是大伯母的弟弟送来。我大伯父连见都不愿见。祖母就不满意，小声自己嘟囔："真是不好哇，怎么着人家是娘家来的人呀，礼得行呀！我送送你吧。"祖母身子胖，两只小脚走路吃力，我赶紧扶她。大伯父一开口就说："行了，哪有这么多

---

[1] 催巴儿：北京地区方言，听人使唤当下手干杂事的人。

事！真是麻烦透了！"我祖母只好不送了，还非要给来人几个钱。

大伯父他真是不走运，看病医道很高，可看好了人家也不知他的情。算命看书批字他又对人家说："这书本怎么写我就怎么说，灵不灵，信者有不信者无，就是瞎子吃饼啊，瞎掰！"因此人家说他算命不灵。

二伯父是我们家最漂亮又有能耐的聪明人。他文化不高，认字不多，在大伯父面前从不敢露这一点。因为大伯父知道他文化不怎么样。他上学老逃学。他喜欢玩闹，每天泡在票房里，是乐器到他手里就出调儿，还有板有眼的。他吹、打、拉、弹，样样精通。他还有一副好嗓子，什么都能唱。他和大伯形成了强烈的对比。大伯父虽然剪去了前清的大辫子，可头上还留着半截发，头顶有点秃了，他都舍不得全剃光。二伯父是青头皮大背头，总是穿短中国式的袄裤，白布袜子，脚面上还绣着花。那都是大姑母给他做的漂白细布袜子，脚底上也绣了花。黑缎子鞋，千层白布底，腿腕上扎同裤子一样料子的腿带条，裤子松松地垂下，显得分外潇洒。他挺爱说笑，一嘴整齐的白牙。祖母不喜欢他这样打扮，常说："你二伯父油头粉面，不是好样的。"

二伯父也是早就娶妻生子了，媳妇是个天津有教养人家的闺女，生了一个儿子叫杨月中，因二伯父不安分守己，天天好吃爱玩，跟一个苏州的名妓好上了。那时祖母让他回家乡办事，他带来了这位名妓，还带来大笔的财产，还有四五个从两岁到八岁的小女孩，一个类似保姆的张阿姨。二伯父算娶了个财神奶奶了，这位名妓比二伯父岁数大，又有点梆子头，我们全家人都偷偷叫她"二梆子"。全家人都知道这件事，就是原来的二伯母不知道。但不久，二伯母病死了，留下了我堂哥哥杨月中。

这下二伯父跟新二伯母就算名正言顺了，他们买了一所房子，跟我们同住在一条胡同，在天津南市有名的热闹区升平后大舞台附近，是高台阶独门独院，比我们住得强。我们住的是大杂院，都是进门一个长条院子，两边是房子，门对门也就相隔两米远，穷得很。这么一条小院子还要家家烧米锅。夏天人们都在院里乘凉，或到大街上乘凉，不敢进屋子，屋子像热蒸笼。院子进深太浅了，每一家都有大人小孩，真是人挤人的大杂院。住的是七十二行小人物，差不多每天都有吵架的，有各种各样的新闻。

我们家就是典型户，一家人住一间房子，一间屋子半间炕，吃饭就够挤的。天冷了在院里地上放饭桌，坐在小板凳上吃。睡觉也是麻烦，炕沿上一块板子那是用合页螺丝拧好的，白天放下来，晚上用一条三只腿的木凳支上，我们横着睡在炕上。父亲可能想办法啦，后来他在屋里搭了一个暗铺，添个柱子搭了天铺，我特别好奇，要求上去睡。祖母睡在下边，父母在另一边用一条布拉起当隔帘，小弟妹们也在这条炕上。我和大姑母、哥哥杨月中都睡在上边，祖母因离不开大孙子，因此和我们住在一起。上暗楼得爬梯子，这个梯子白天放在院里，屋里放不下。

我母亲喜欢抱着孩子串门，我也是一天到晚不着家。到六七岁我就知道父亲卖糖葫芦养这一大家人，父亲经常犯病吐血，母亲是家庭妇女，我是最大的孩子，必须挣钱养家。一个女孩儿，怎样能挣钱养家呢？只有学唱戏才能挣钱。

我们搬过很多次家，但都没有离开南市，因为这是贫民区，房子便宜。在南市荣业大街、南门外崔家大桥胡同住过，因为房东老是涨房租，只好再搬家。搬到大舞台后七星里住了几年，又搬到南市升平后杨家柴厂胡同，最后搬到卢庄子，还在"三不管"九道弯住过。我们从一间房子到两间房，从两间房子换成一明两暗的三间小房。我们已满意知足了。

南市这一片地方我还记得清清楚楚的,这里环境非常杂乱,戏园子有"大舞台""庆云戏院""光明戏院""燕乐戏院""聚华戏院""中华茶园""上全仙戏院""丹桂戏院""玉壶春杂耍社"等,这一片大大小小的院子很多,这些戏院有时也放电影,但大都是演戏曲。其次南市这块地方妓院多,"中华后""庆云后""华林后""升平后""聚华后",这些"后"都是妓院班子下处的地方。我们住进升平后时,这里都是住宅了,升平后妓院已没有了。不过这地方也是下等人居住的地方,我们搬不出这里。

一块地养一方人,南市最热闹的地方还得说是"三不管"。这可是穷人找饭吃的地方啊!南市是最热闹的下等人玩耍的地区,饭馆多,"登迎楼""会芳斋""增兴德""狗不理包子铺"等大大小小的饭馆、饭铺,数不尽啊。

我小时候为什么认识这么多饭馆子呢?因为我们小孩结帮拉伙地去买折箩吃。折箩是人家把吃剩的倒在一个大水桶里,穷人的孩子买回来放进点大白菜,烩着一热,这就算加了荤腥了。给一个大钱,师傅给盛一大碗杂合菜,还得看看小孩的模样态度,师傅高兴了能多给点。我都是不挤不抢,老老实实地站在边上,看人们都买走了我才敢端着砂锅过去,先向师傅鞠个躬行个礼说:"师傅,我买两个大子儿的,奶奶说给多给少都行。"那师傅看看我说:"你这小姑娘又干又瘦黄黄的脸,给钱不给钱都好说,来吧!"师傅咚咚盛了一满锅。他交到我手里和气地对我说:"你多吃点吧,你是缺嘴少食的孩子呀!"我就行礼说:"谢谢!"这一大锅折箩,我端回家,要加上两倍的青菜,全家吃得那个香啊,简直是开了斋了,我至今还不忘吃折箩的情景。

全家人吃折箩有个规矩,每人一个大碗,连汤带水的,把棒子面饽饽搓碎了，泡在碗里。这一大碗上尖的折箩，三口两口就吃完了。我和母亲一样，不去再盛，得看看别人都吃得差不多了再去添。要是父亲还没吃完，我就加点开水涮涮碗，喝下去就算饱了。

天津人讲吃，增兴德的名品是烫面饺，一点点羊膻味都没有，真是薄皮大馅、色鲜味美。要买回来就贴饽饽吃，比方吃五个饺子加一个饽饽。我吃饺子一向不知道吃多少算饱，习惯就些干粮。我去买烫面饺是父亲生意好高兴了，改善一下生活。卖烫面饺的认识我，因为增兴德离聚华戏院很近。他们常常晚上没事了就去蹭戏。我唱戏认真，个子小嗓门大，这是卖烫面饺的师傅说的。我去买烫面饺，他就借破了馅多替我装，一个铝锅，他有意为我多装，然后盖上盖子一推我说："快走吧！"我跑回家看看，一斤他给我有一斤半还多。我们就分着吃，一个人几个，母亲多给我一两个说："小凤应该多吃，是她买回来的。"我说是人家多给了，母亲用筷子打了我一下，骂我："多嘴！"烫面饺一咬一流油，我也要吃剩下几个，加上开水，搓上饽饽，连汤带水地吃下去。

要说天津的小吃也是很丰富的，嘎巴菜、豆浆我都要搓上饽饽吃，这是习惯。烧饼油条果子、煎饼、大麻花等是又松又脆甜可口："吃了天津大麻花，精神愉快又焕发！"我们小时候爱这么说。

我们住在南门外崔家大桥常去南门脸。那儿有热闹的早市，那里有一家蒸食铺，专卖发面的各种蒸食。过春节卖花糕、元宵。现在回想天津人讲穷吃，我们家虽然贫苦，也是稍有富余就吃了。父亲说："咱们穷苦人也要懂得吃了就算落在肚里了，哪怕今天吃了明天挨饿，今天也要先吃了，这是咱天津人的实惠。"

一方水土养一方人。我们家住在南市，街坊邻居都是在这一带找饭吃的劳动人民，卖破烂的、做小买卖的，五行八作，耍手艺的人居多。在我们这胡同有一个小低门,这房子更新鲜,进门跳坑下去,进屋子还要跳坑。一下大雨,水就进了院子,院子的雨水又进了屋。这是我们这些大杂院的特点。我从小就会舀水,从屋里拿盆向院里舀,从院子向胡同舀,用木板再横着挡上。一下大雨,这些小门大杂院都热闹了,舀水呀,大人小孩一起忙。

小低门里是只有两三间土瓦房的小破篱笆院子,这是老妈店,大伯母的朋友常来这里找活干,当老妈子的农村人就住在这里,哪家要人来这里挑选。当老妈的有年纪不大的,有四十上下的,都在这里等候介绍,她们也是人托人来天津当老妈,都是家里困难的。大伯母是乡下人,她就同情这些来天津的同乡妇女。她的同情只有我知道,因为我看见她偷偷地给她们送点饽饽干粮。我还带她们去看活、上工。有一次介绍其中一位去日租界中央戏院一财主家。我领这位老妈子坐颠颠车,她过马路害怕,我让她紧跟着我。她紧紧地贴在我身后,我走快她走快,我走慢她走慢,走到租界口被一队日本兵看见了,我躲闪她也乱躲。日本兵对着我一拳,我一个倒仰,摔一跤。这妇女已是四十多岁了,是一双小脚,当时我把她撞倒了,摔得她脸上掉了一块皮。带了伤人家不要,我只好带她往回走。回来她还是一步步紧跟我,我在前边走她在后头跟,一直跟进了我家。这事招得全家人骂我:"该死的小凤,把生人领回家来了!"大伯母用眼瞪我,暗示我别说,二伯母抢着打了我一巴掌。祖母心善良,看她脸上有伤,让我说出了经过:"不是我带她,是她怕丢了,也没有找上工,还受了伤,还没有吃饭呢。"母亲说:"吃吧,反正给你留了两个饽饽。"我从锅里拿出饽饽,那个妇女还紧跟着我。我把她带出了大门,递给她一个饽饽。唉!真逗,她不吃却看着我。我知道她是想吃又不敢。我就大口吃,她怕我不给她了,也照我样大口吃了。我把她送回老妈店,她很感谢我。她是大伯母家乡受丈夫气的可怜人。我抓住这妇人手叫："大婶你真好，紧紧跟着我是相信我。把你摔了一个伤，明天好了我再送你去上工。"那妇人高兴地说："太谢谢你了，我从乡下来天津，人生地不熟。都说：'天津是小上海，到处都讲财。'"我摇摇头。那妇人笑了，她说："天津好人多，心眼热啊！连你这小女孩都对我这么好。"我说："天津人心直口快，不论大人小孩都愿意帮人，有助人的传统。大人说：'天津人讲义，替人出把力。'"

日本入侵，我们家也有了变化。堂哥月中是三家守一个的男孩，要传宗接代，是祖母的大孙子，守寡的大姑母也把他当眼珠子看。大姑母实际上是被封建礼教踩在脚下的可怜人，赌气了她只会夜里在胡同里烧纸哭一场，哭够了，嗓子哑了，眼红了，自己搬着小凳子回来了。大姑母去哭不能劝，越劝哭得越厉害。大家都知道她的脾气。

二伯父家忽然大乱。真是祸不单行，大姑母被火烧死了，我家也闹了火灾，转年又发了大水。南市地势低，一个多月水才下去。老祖母知道月中大哥发浑，生气要打他，抓住月中拿起扫炕笤帚，还没打着他，反被月中一推，坐在地上了。哪知这一下摔到了坐骨神经，从此就不能走了。母亲对祖母的照顾非常好，看到母亲的孝心，我更用心伺候她。

我必须挣钱，为家里减轻负担。小女孩在那个社会怎么挣钱啊？更苦的是二伯父一家走了，留下了月中大哥，他不去上学，不愿干活。在一个大雪天祖母也去世了，大伯和父亲带着我们一家人送了丧。找饭吃的任务就落在我的头上了，从此我不能继续学京剧，姐姐走了，又没钱没人，我是再也无力求京剧老师了，拜师学评剧方便，就学了评剧，可以上场挣钱了，而且很快成了主演。

人吃人的年月，大伯父在老祖母去世后就搬到南关下头。这是郊区，他们住在大车店后边一间小瓦房里，为的是离大伯母乡下娘家近，好有个照应。也是大伯父不愿再住南市，说这块地方不干净，连我父亲也骂。他骂我："小凤跟二梆子那儿学的，还当戏子了，你没有我这个大伯，我也没有你这个侄女，臭戏子，下贱货！"

我学戏一年就当了主演，多少能帮家里挣点钱，母亲跟我上园子。大伯父越混越穷，逢年过节他经常来我们家，进门在炕边一坐，一天不说一句话。我知道大伯是需要钱，我就把母亲叫出来，求她给大伯一点钱。果然给了钱，他就走了。但得让父亲送给他，我和母亲不行。他说："钱经女人手就不干净了！唱戏的不如娼妓。"

后来大伯父自己卖了华工，去了东北，很快死去了。就苦了大伯母，她一人什么苦都吃了，卖过大碗茶，街头缝过穷。只有我跟大伯母来往，别人谁都不理她。大伯母最后在一场大雪中也死了。

我从十四岁正式唱了主角，也在这年担起了养家的担子了。学戏注定了我一生的职业。我唱遍了天津大大小小各个剧场。虽然长年跑江湖，到处流浪，我还是留恋天津，把天津当我的家乡。我不忘天津西头、地道外、大真沽、墙子河、八里台子的贫困荒凉、南市的"三不管"、河北落马湖的凄惨。北宁公园、日本花园、黄家花园等虽说是公园，是公共场所，那年月穷苦人却不敢进。城里"娘娘宫"三宗宝：鼓楼、炮台、铃铛阁，不知还有吗？我虽离开天津三十多年了，还是不忘那里，天津把我养大，教育我成人，我用天津的话说：不忘本！

表 哥

在我记事时就羡慕小孩能跟着妈妈去住姥姥家,穿得红红绿绿,蹦蹦跳跳地带着大包小包去跟大人走亲戚。

在旧社会,穷怕亲戚富怕贼。我家亲戚少,更没有听到母亲讲过姥姥家的事。我只知道我有一个瞎大舅,我要求妈妈带我去舅舅家,妈妈说舅舅家太穷了,不要去给人家添麻烦。

大舅是天津郊区西头小园的人,在花场子当花匠,因为大舅脾气不好,跟花场子东家在一次吵嘴时,被东家打瞎了一只眼,妈妈背地里叫他瞎大舅。

大舅妈是生孩子得了产后病死的。留下了两个儿子,一个叫小球,一个叫小旦,也就是我的大表哥、二表哥。当时我才记事,他们两个十一二岁,一个光棍爹带着两个男孩也是很不容易的,小球、小旦就泥里滚土里爬地长到十一二岁了。

大舅会串花,用茉莉花串成喜字、寿字等样子,在妓院附近的胡同里叫卖。大舅不认识字,小球、小旦更没有钱去上学,跟着大舅做小买卖,卖花生、萝卜。

大舅脾气很坏，嘴里经常带着脏话，他五十来岁就弯了腰，还有一双青筋暴露的劳动手。他常常带着小球、小旦来我们家。他们一进我们家门，大舅张口就骂、举手就打小球和小旦，我不喜欢大舅。我母亲看见大舅这样对待孩子，就说："唉，可怜哪！宁要绝穷的娘，不要做官的爹呀！没有娘的孩子可怜哪！"因为我母亲从小没有娘，十四岁当了童养媳，她深知没有娘的痛苦。

过年过节，大舅带着小球、小旦来我们家，我母亲为他们缝缝补补的。他们常常是赶着饭口来的，我们就让他们吃饭，小球、小旦总是说不吃，大舅也说吃过了。但我拉他们吃，他们就吃得很香，看得出他们是没有吃饭的。但他们吃一点就不肯吃了，因为他们知道我们家也不富裕。这两个表哥都很懂事，他们走时，我总是偷偷地塞给他们两块干粮和窝窝头、饼子等，他们总是手里接着，嘴里说不要。

大表哥小球人很机灵，他从小就不吃闲饭，捡破烂，当童工，红白喜事他去打旗提串灯、扛雪柳，什么都干。他想学点本事，可是在那时哪有他的机会？他人很要强、勤快，聪明肯干。他在澡堂帮人搓澡，在饭馆当小伙计。他干着这个，想着那个。瞎大舅骂他："你呀，心比天高，命比纸薄；脚踩两只船，这山望着那山高，你干什么也长不了。"大舅就是对孩子打骂，不理解孩子的心理。小球想念书，家里穷，不可能。他在学堂门口听人家念书，小孩们骂他："穷小子，听什么！"

小球想学手艺，大舅托了人情，介绍他去成衣局学手艺，人家师傅看他聪明就收下了。但他去后，师傅并不教他做活学手艺，只叫他收拾屋子、倒痰盂，给师娘抱孩子。一次，他背着孩子给师娘买酱油，一出胡同，一帮小孩踢球玩，他多么羡慕这些孩子呀！小孩子哪个不贪玩呢？他就站一边看，忽然一个球落在他面前，他就对准了一脚给踢出去了。由于他用力过猛，忘了自己身上还背着一个孩子，这下子可坏事了，一个倒栽葱，孩子头朝下摔了下去，正好摔在石头台阶上，头上摔了一个三角口子，酱油瓶也摔得粉碎。

小球回来后，师傅、师娘往死里打他，他真成了球了，打得他满地里翻滚，遍体鳞伤啊！他们把笤帚把儿都打飞了，还把瞎大舅找去。大舅脾气本来不好，看到小球惹了祸，又气又恨，不容分说又痛打了小球一顿。

小球因为挨打，周身是伤。晚上他睡在一堆草上，哪里有人理他？只有他每天喂的猫和狗来亲近亲近他。他流着眼泪抱着小黑狗。

小球不想再待下去了，可又不行！因为他来学徒时，瞎大舅给人家立了字据："学徒三年期满，效力两年。学徒期间，走、死、逃或打死人，概不负责。"字据上边还有大舅的手印。中途不学要走，得赔偿损失。

小球就只好在师傅那儿忍着，熬着，等学徒期满。小球在学徒期间，有一个和他同命运人，是师傅前妻留下的女儿。小球吃不饱，她给他多拿点，师娘又借机说小球不学好，勾搭她的女儿，师傅又是三天两头地打他骂他。

小球挑水给女孩洗衣，买菜做饭，两人常常接近，两个也不爱说话。师娘每次打骂小球，都要带上受虐待的女孩。后来，这女孩跳了井死了，小球被开除了，他算逃出来了。

小球被开除了，算是干出了丢人的事了。因此，谁也看不起他，谁也不要他。后来，在一个白面馆里小球找了个工作。因为他很勤快，日本人收他在白面馆里当个小伙计。在日本人的白面馆当小伙计也是个苦差呀，挨打受骂也是经常的事。

有一天，小球偷偷跑到我家，跟我们哭诉他在白面馆的痛苦经历。

他在白面馆里经常挨打，还经常被人怀疑偷东西。想不干回家又怕大舅打他，他不想活了，哭着说："吃不饱，穿不暖，受尽磨难，不想再忍受下去，要投河上吊……"

过了几天，二表哥小旦来我们家，说白面馆的人告诉他们，小球不见了。到哪里去了呢？他们也不知道。大舅听了并不难过，说："不见了，死了更好，少一个省一份心事！"

大表哥小球不见了，没有人为他伤心难过。可是我老是想着他。在快过春节的时候，一个大雪天，忽然大表哥小球来了，他站在胡同电线杆子下边。"大表哥，你怎么不进家门？你到哪儿去了？"我不住地问他。他说："怕老姑妈生我的气。"他的老姑妈是我母亲。他对我说："因为我洒了一包白面，被掌柜的打个半死，还扒了我的衣服，冰天雪地把我推出来，我倒在地上……"他说不下去了。

原来，他被推倒在雪地上后，一个当兵的救了他。他又说："今天我是来见见老姑妈，告诉她我没有死，明天我就走了，死活不知，能不能回来也不知道。"他说着打开了一个红灯笼。那里小孩过年都兴提灯笼，大表哥递给我说："这是大表哥送给你的礼品。过年了，我就要走了，留下这个灯笼给你吧。"

救他的那个当兵的是个兵痞子，介绍小球当了兵。小球给我买了一个灯笼作为留念。接着小球又对我说："点着灯笼就想着我吧。我不能进去，把我的老姑妈叫出来，跟我见个面吧。"

我听他说完一阵伤心，流着眼泪跑回家。我一进屋，看见我父亲、大伯父等人都在，不好说出，就偷偷地一拉母亲的衣襟，意思叫她跟我出去，母亲跟我出了大门，我把母亲领到电线杆子下边，大表哥见着我母亲，半天没有说出话来，抽泣着说："老姑妈，我要走了，当了兵，明天就走，我来跟您道别。我不敢回去，怕爸爸生气，求老姑妈跟爸爸说一声吧。"他说着跪在我母亲面前，顶着大雪。母亲抱住了大表哥的头，大雪片落在我们身上，母亲说："你自己长志气吧，咱们都太穷了，跟着什么人学什么人，你可要学好哇……"母亲也哭了。

我眼看着大表哥从地上站起来，慢慢地跟我母亲告别，还对我说："把灯笼点起来吧！"他走出了胡同，大雪不住地下着，看不见大表哥的背影了。母亲说："没有娘的孩子，这个年头哇！"母亲对我说："回去不要把这件事对人讲。"我点头说："记住了。"我们回到家里，这件事谁也不知道。

大舅后来知道了大表哥被卖了兵，他没有难过，反而大骂："没有出息，认识了兵痞子，卖了兵，他是被逼走的，这年头哇各走各的道，谁也顾不了谁！"

大表哥跟那个兵痞子去卖兵，挣了钱就胡乱花，好好一个人卖过一次兵就变油了。后来，他又被卖过一次兵，他就变坏了，嫖妓女、抽白面、赌钱，他也成了一个兵痞子了。

春节眼看来到了，每年这个时候，我家就有要账的来，年关难过呀，父亲不见人。忽然有轻轻的敲门声，父亲照例躲起来，叫我去开门。我把门打开一看，是个要饭的，破破烂烂的，仔细一看，原来是小球大表哥，他怎么变成要饭的了？小球自从当了兵痞子，就没有来过我家，我看他头发长得盖住耳朵，手里夹着一个烟卷头不住地吸，他低声说："我是来看老姑妈的，让我再看她一回吧！"

父亲以为是要账的来了，早躲进了厕所。我有意大声说："是大表哥来了！"母亲从屋里出来了。可这次出来一看，说："你去当了兵，怎么会变成这样了？"小球吓得缩成了一团，蹲在台阶下边说："我跟着大兵去当了兵，还了债，到了兵营。唉！哪知道当兵比学徒还苦，冰天雪地里行军，吃不饱，穿不暖，当官的打骂，老兵油子欺负我们小兵，你们看我的手被打得抬不起来了。这次偷偷逃出来是拼出性命的。如果被抓回去，就会被枪毙的。老姑妈呀，在兵营里，我已经染上了嗜好，我来找老姑妈是为了借几个钱……"我母亲气得大声说："你借钱，你……""我抽上了白面……我嫌丢人。""你不要脸！你给我滚！"小球被骂得转身要走，我看他双手抱着，周身冻得发抖，真可怜。我父亲也出来了，他心特别软，他对我说："谁家孩子不是肉长的呀？把你表哥叫回来吧！"我本来就想叫小球表哥进屋的，可是怕母亲生气，我听父亲这么一说，我就连拉带扯地把小球叫进了屋。母亲流着眼泪说："你从小要强，我很喜欢你，没有想到你会变得这么丢人，以后你不学好，就不许登我的门！"小球点点头。我看他那副可怜样，我给他端来粥和饼子，对他说："表哥！热乎乎的，快吃吧！"他像个饿狼似的吃着饭，我母亲又数落他："我嫌丢人，我这个穷娘家一个有出息的人也没有！你从当兵那天起，我就断定了你活不了，你怎么不死在外头呢？抽上白的，你抽上黑的我也管不着……"父亲拿出两块钱说："小球，你才十几岁，还有光明的大道哪！嗜好染上了，你只要下狠心，是能戒的。给这两块钱，你买点戒烟药。"父亲把钱交给他，看见他脚下穿着一双挂不住脚的破鞋，说："你这双鞋挂不住脚哇，这么冷的天！"父亲说着，把自己脚上的棉鞋脱下来，换了一双草鞋，对小球说："你拿去穿上吧！"小球接过来，他没有穿，夹在腋下。我母亲生气地说："你走吧！"我又替他拿了饼子，他走了。

瞎大舅来我们家，他气冲冲地对父亲说："小球要饭了，抽上白面了。我打过他多少次呀！没有办法，救不了他呀！你给他的棉鞋，他连上脚都没上脚就卖了，你给他的钱，他哪里去买戒烟药呀，又扒了白面馆了，这是我没有德行啊！"

瞎大舅正和我父亲说着，父亲在找什么，不声不响。我问父亲，父亲向我摆摆手，不让我声张，意思是不要惊动我母亲。原来是小球进我们屋子这么一会儿，把父亲的一块怀表偷去了。父亲自言自语地说："没有办法呀！抽上白面就什么脸也不要了。这么好的孩子，逼得没有正路走哇！天下大道广，咱苦命人没有道啊……"母亲又唠叨起来了："你呀，就是好心没有好报。叫他进屋干吗？能救急不能救穷，好心不能救白面虫！抽上白面就连他爹也偷！"

大表哥小球扒了白面馆，抽得成了一把干柴，只带着一口气了。小球又当了兵，这一去就再也没有回来。

二表哥小旦也同样是个可怜人，他老实，说话有点结巴，不如大表哥聪明机灵，他很少讲话，他同小球一样，没有上过学，不识字，人也很笨。

小旦也不吃闲饭，拾破烂，擦皮鞋，他眼里没有活，还把刷子丢了。他当童工领钱时，把取钱牌子丢了。他长到十七八岁了，就干重活，当搬运工、拉排子车。但干这个不是天天有活的，阴天下雨就没活做。没有活，人就没有饭吃。后来，小旦找到了能挣钱又有保障而且不用费力气的活。

小旦为了生活下去，没有办法，他每月卖两次血。原来小旦的身子很强壮，但卖血后不到一年，就变得面黄肌瘦了。开始瞎大舅不知道小旦的这些事，只知道小旦挣钱，问小旦也不说钱是怎样挣来的。瞎大舅还为了小旦说不清楚挣钱的原因，误会他是不走正路，当了小偷。

小旦有苦难说，父子两个大吵："你管我怎样挣钱？""我就管！"大舅说着，打了小旦，父子又吵了好长时间。

我知道小旦二表哥卖血生活，我就跟母亲商量，我每月给大舅五块钱，让小旦不要卖血，还是去做工，瞎大舅年老多病，就不必再去做小买卖了。

小旦虽然人很笨，可是他粗中有细。他喜欢修理自行车。他干了一天活，还老去修自行车的王大爷那里坐着，帮王大爷修车，他帮忙修车也不要钱。

瞎大舅看这是挣钱的道，就找我母亲来了，要借几个钱买点工具，想叫小旦摆个修自行车的摊，我母亲好不容易东凑西借凑了几块钱，买了点工具让小旦摆了个修车摊。小旦很老实，干了没有多久，摊黄了，又加上一些流氓地痞，修车不但不给钱，还要打人骂人。没办法，可怜的瞎大舅，一手拄棍，一手提篮做小买卖，卖烧饼油条。

新中国成立后，小旦当了养路工人，瞎大舅因旧社会的饥饿劳碌得了肺病死去了。小旦后来又在农村劳动了七年之久，后回到城市。他因为是离职工人，在旧社会没有参加过正经工作，不识字，头脑简单。他从农村回来，老邻居们劝他，现在都提倡自由职业。于是他又想干修理自行车的工作，多次来信要求我帮他解决工具问题。我给他寄去几十块钱，买了修车工具，他又重新建立了修自行车的小摊，自负盈亏，每天收入也不少。他住的是临街的房子，在门前摆摊，也可照顾家，很方便。劳苦了一生，又经过多年的坎坷道路，赶上今天的好政策，现在总算有了安定的生活。

一九四三年青岛卖艺

我们戏曲艺人有一句老话:"艺不分家。"这句话的分量平时体会不到,在困难时凡是做艺的可都靠这句话解决问题。艺人讲义气,家里有困难了,都是艺人们出头,搭桌演义务戏,大家凑份子钱。

艺人闯荡江湖走南闯北,只要有艺人的地方,就会逢凶化吉。但艺人有规矩:有病困住没路费回家、婚丧红白事亲人有难事,都在帮助之列。赌博吸毒不帮,但解毒帮助,因打架斗殴而病不帮。

一九四三年我随剧团去山东演出,演员阵容很强:老生郑伯乾,小生李福安,彩旦董瑞海,三花脸李文元。只有我这个刚刚演主角的小主演资历低。大家捧我,我则为了闯练。唱义务戏、帮份子,我哪样也比别人多。我在济南大观园内演出,受到山东观众欢迎,那都是古装戏,京剧梆子植入的戏多,如《凤还巢》《王宝钏》《玉堂春》。又去了烟台,不久又去了青岛一带演出。

我每去一处都先学习当地的戏曲,了解观众喜欢的风格。青岛有地方特色很浓的"茂腔""柳子腔"等。著名演员有宿艳琴、李玉春、鲜樱桃等。他们表演朴素,带有浓厚的地方腔调。柳子腔唱着拉一个假声长音，很有特色，我看了以后很喜欢，跟他们剧团的演员交了朋友，学习他们的唱段。

青岛的曲艺很多，大部分艺人是由天津、北京去的，当地的梨花大鼓女艺人孙大玉唱得很好，云遮月嗓音唱的《妓女自叹》听了让人流泪。有一位相声演员，会唱"靠山调"，变戏法、数来宝，样样都拿得起来，名王富贵，外号"王傻子"，是天津去的。我也是天津去的，老乡见面很亲热，我叫他王大爷。

青岛京剧名角儿也不少，武生黄宝岩、老生周昆、名旦代绮霞、言慧珠。当时演员也分三六九等，评剧在天城戏院。土生土长的茂腔、柳子腔常在市郊区演出，曲艺在各茶社、游艺社演出。京剧在市中心的中和大戏院、东镇市场内光陆大戏院演出。

各角儿平时住得不远，都互不往来。京剧是国剧老大哥，我们评剧地位低，演员地位也就低了。我很知趣，人家不理睬我，我也不多事，只有专心学能耐。人家喜欢我去看戏，我就学人家的本事，人家不喜欢我，我就偷偷看，也为了学本事。台上唱戏正派，台下走正路，不能叫人家看不起。

白玉霜是评剧著名演员，她的一出独创名剧《拿苍蝇》南北驰名，在青岛也有名，这是一出粉戏。白玉霜是评剧著名演员，她这一出粉戏给观众留下了不好的印象。我到了青岛，内外行都明里暗里叫我是"拿苍蝇的"，带有讽刺的口气说："看！'拿苍蝇'的来了呀！"我听了这话心里好难过！白玉霜这么大的名气，因这出《拿苍蝇》曾被赶出北京。一个演员演《拿苍蝇》，就臭了一个剧种。我这个刚刚出台的无名小演员心想，以后可要当心啊！

我在青岛天城戏院唱戏，财主叫暴善亭，外号暴大肚子，他是个会做生意的"买卖精"。暴大肚子看我是个小演员不太显眼，他担心我唱不红，要我演打戏，唱他点的所谓的名戏《拿苍蝇》，一贴就红。《马寡妇开店》，一贴就满堂啊。要是演《杀子报》带彩的，钱就在手里攥着了！我听了暴大肚子这一套死说活说，心里很反感，我是小演员，唱戏卖艺不能像卖货。我恨暴大肚子拿我当买卖。暴大肚子对我不听他的摆布很恼火，有意刁难我，三天两头扣份子钱，我唱了不到一个月就被暴大肚子辞退了。

评剧是蹦蹦戏、半班戏、耍眼珠满台飞的戏。越是人家都看不起我的时候，我越要自尊自重，不能胡来。

唱戏的搭班为了吃饭，有戏就去唱，但都是去正经班好好唱。我经人介绍搭了茂腔班，学地方戏有个共性，家庭小戏大都一样，比如《小借年》《二美夺夫》《柜中缘》等小戏，唱词、故事情节都一样，就是倒口用山东话唱念。我学了一口山东话，什么都敢演，边学边唱，观众还是很喜欢的。宿艳琴和李玉春两个主演，很热情表演，我学到了她们的泥土气，也学到了她们朴素的作风。

说相声的"王傻子"看我拉家带口困在青岛，得搭班唱戏养活母亲和两个妹妹，还得给天津的父亲寄钱，生活十分艰苦。王大爷劝我搭曲艺班，他来约我说："我们同是天津来的艺人，艺不分家，有福同享，有钱同花，有戏同唱，有班同搭，哭哭笑笑泣泣哈哈，你拉我一把，我捧你一下，上台说大话。"王大爷要我跟他上台作为变戏法的助手，递递接接的，也不用开口，就是为了做做样子。王大爷的"数来宝"是很拿手的，他为了让我进曲艺班，教了我几句："竹板打细留神儿，我数来宝真有趣儿，吃葡萄不吐葡萄皮儿，不吃葡萄倒吐葡萄皮儿。我可不敢乱弹琴儿，我们做艺的给您爷们消遣解解闷儿。"他让我来段数来宝，再唱一段评剧招呼观众，小戏园子在东镇市场里边，观众看新鲜，我们为了混饭吃。一般情况王大爷说相声了，我就下场，或者是他说完了单口相声再让我上台唱一段。有一次后台有人告诉我，王大爷是说的粉相声，我注意了，果然他说了一段"潘金莲私会西门庆"，一人演两个角色，很低级。我下场就对王大爷说："明天您别找我了，我不来了。"王大爷莫名其妙地："闺女，你闹脾气？咱们做艺的上台就得讨人家观众的好，让人乐。这就不错呀，挣上钱吃顿饭。"我说："这钱我不挣，您另请高明。"母亲和我吵着说："王大爷是照顾咱，让你跟他去捧个台，他说他的粉相声也没有你的事，王大爷分你的份子钱也不少，你就装不知道，怕什么呀？"我说："这种钱咱不能挣，我可以跟他变戏法当助手，他说粉相声我不干，他说完我上场还唱，多难看！"王大爷、戏园子职工、小卖部的商贩都来劝我，让我去帮王大爷场。我就咬定不去了，谁再劝说也不去。

演员是活动的艺人，不活动坐吃山空，真等不起呀！母亲急得哭。青岛当时有著名京剧齐派老生周昆，他的夫人是为他组班管事的能手，周昆为人忠厚讲义气，他也是由天津去的，自己成班，东镇光陆戏院是他的剧场，有江昇号。周昆知道我困在青岛，他说："咱们都是艺人，都从天津来的，艺人帮艺人，同在一锅里找饭吃，你就在我们班里一起混碗饭吧。"大嫂跟周昆大哥热情地为我安排演出和吃住，份子也给得多。我在他们团演评剧折子戏，也演京剧中的配角。记得他们班请来山东男旦许翰英，我也跟他同演一个节目，最滑稽的是杜十娘，我跟许前后演，他前唱京剧，我唱评剧，前后各一半。唱《红娘》，我演小姐他演红娘。他唱京剧，我在《花园》加唱一段《观花》评剧，观众反应非常热烈，也是看个新鲜。周昆演《追韩信》，我演《花为媒》一折。从上海来了一位名角儿戴绮霞，在中和戏院演连台本戏《西游记》，也很受欢迎。

那时演戏很有意思，可以随便加唱，也不讲形式。有一次是戴绮霞主演，我们青年女演员都演跳舞女。歌舞上来！歌女们穿着洋裙子，洋鼓洋号伴奏。请来一个歌舞班的教跳洋舞的教师给我们排练，我对这样中洋混排的方式很反感，但又不敢向他们提出。在一次学跳舞时我又闹翻了，跳舞还有很多动作，拉手跳、摇摇摆摆跳、搭起胳膊跳、一个绕一个跳、拉裙跳。最后有个下腰动作，还要叉着腰踢腿，扶着肩向台下歪头踢腿。大家穿着洋裙子，做这个动作连内短裤观众都看见了，我站住了，说："这个动作太粉，我不做。"后面七嘴八舌的，有人问："为什么？什么粉的绿的？"我说："这不是戏班跳的舞，这是洋舞，我是唱戏的，要是跳洋舞我就去歌舞班了。"

我那时很幼稚的一句话伤了众人，大伙都骂我："你是什么戏子？你们唱戏讲什么体面！《拿苍蝇》不比跳舞粉？在台上飞眼吊膀！"我因不跳被辞退了，被赶出了舞台。

我离开戏班很苦，母亲埋怨我不该任性，跳舞就跳舞吧，什么洋舞中舞的，唱戏的哪有那么多说道哇？我不那么想，对母亲说："唱戏的是脸朝外的人，演了坏戏粉戏，臭一辈子！"

这件事给我带来生活上的困难，可给当时的戏园子职工、小贩们留下了好印象。没有挣钱的路哇！去海边卖啤酒、卖戏衣，很多同情我的戏院职工送白薯、黑面帮助我们。

一个艺人在那困难年月真是难啊！可老人们都说我总算没给艺字丢脸，我一步也不能走错。"台上做戏讲戏德，台下做人讲人格"，我从小就记住了这句话。

我们是主人

新中国成立前的旧戏班后台,那真是乌烟瘴气,无奇不有。什么样的人都可随便出入,赌钱的、吸毒的、打架骂人的,后台真是是非之地呀。大伙最怕的是警察,他们是软的欺负硬的怕,专门欺负受苦的穷人,但要是见着比他大一号的、横的,很远就立正。后台演员习惯扒着门帘看看台下,如果上座不好,就说那句常念的顺口溜:"为何不上座?来了军警宪特。有话不敢说,肚子要挨饿。"

顺口溜在后台随时能听见,我们叫"赶辙"。赶辙是穷人乐,又解愁不惹祸;赶辙,不花钱不费工,练了辙又轻松!

为什么我们叫赶辙哪?我们学戏师傅头一堂课,就要讲唱戏必须懂得十三道大辙:"发花、梭波、乜斜、一七、姑苏、怀来、灰堆、遥条、由求、言前、人辰、江阳、中东。"这是十三道大辙,还有十三道小辙,就是加个"儿"如"细留神儿",凡加"儿"字的就念小辙。写戏唱戏,不懂辙是不行的,合辙押韵才是戏文的道理。

赶辙也是业务练习,那时日夜演戏,哪有那么多剧本呀,大都唱提纲戏,要在台上自己编词编白话,在后台闲着时候做赶辙游戏,既是自己找开心,也是练习头脑快,张嘴就能唱。赶辙是赶上谁,谁就念,有板有辙,有时借赶辙骂人、说暗语,应付外界的官面。见什么说什么,想什么说什么,用赶辙练习是后台大伙最喜欢玩的一种游戏。

记得一九四九年年初在天津河东天宝戏院唱戏,市面萧条,戏园子不上座:警察、特务、伤兵垂死挣扎,我们演员吃上顿没下顿,财主要散班,不开包银。唱零碎活儿的张宝树拉家带口住在后台,逼得他去拉洋车,那年老头子五六十岁了,怕误场他赶着回来,哭丧着脸对大伙说:"我今天拉车不但没挣着钱,还叫'炸酱'把车垫子抢走了。我是怕误了戏呀,交不了车还得赔人家车厂车垫子。""炸酱"是谁?一个人的外号。他是河东这一带的人,本来是流氓、地痞,后来花钱弄了一个警察当当。敲诈、勒索、打人,都是他常干的勾当。他常在天宝戏院一带站岗,常来后台,也认识张宝树这个苦老头子,可他就这么没有人性,狠心地把张宝树的车垫子抢走,扔到东浮桥河里。大伙都恨这个"炸酱",可又不敢惹他。新中国快成立了,也听说八路不打骂穷人,那就让"炸酱"闹吧,闹不了几天了,大伙一个劲儿地骂"炸酱",替张宝树发愁,结果大伙你一元他两块,帮张买了一个车垫子还车厂了。

大伙敢怒不敢言,要提防伤兵、特务、流氓、地痞、警察来乱窜,只要闯进来就有意找茬子,轻者大骂,重者打人,我们在后台都吊着心过日子。

大伙熬到晚上要开戏了,后台门"刷"地开了,看见"炸酱"风风火火地进来了,我已经被他吓坏了,看见他那身警察皮就脑袋疼,赶快坐到墙角儿。他嘴里叼着烟卷儿,手里拿着警察帽子,嘟嘴斜着眼,有意把帽子向头上一扣,歪戴着,他干瘦得皮包骨,树皮似的脸,两只小老鼠眼贼溜溜的,好像在寻找什么。我心想着"炸酱"一来,不知哪方遭难，躲着为好。

唱三花脸的杨星星是位有经验的老演员，他虽胆小可会应付这些人，他说："瞧！可来了。"暗示大家注意，"炸酱"进门不走，站住有意示威，我们远远地都假装没看见他，星星说："他穿着一身老虎皮，见着坤角叫二姨。"说完一转脸。又有人说："别看他这么凶，见着横的叫祖宗。"又有人接说："这叫一物降一物，他见着伤兵叫义父。"又有人接说："手拿警棍没人性，忘了他是中国种。"

大伙都在赶辙，好像都在认真背词，"炸酱"自觉着没趣，看看这看看那，也没有人说话，他有意耍威风，说是化妆桌子、板凳碍着他的路了，狠狠地踢了一脚，大骂："真他妈的混蛋！"

他离着我们这群人远，大伙装不理会，又有人说："横眉立目耍上层，兔子尾巴不会长。小孩撒尿挪挪窝，老子坐着学赶辙。"杨星星抢着说："合辙押韵要找好辙，管他合辙不合辙？给他腰里掖瓣蒜。"有人纠正说："错了，没有辙。"星星狠劲地说："管他合辙不合辙，腰里掖着大秤砣。我不管合辙不合辙，先辣他一下子！"

警察"炸酱"发了火，也没有人给他台阶下，过了一会儿，"炸酱"对准我们几个女演员下手了，他用脚踢着我说："起来，起来，怎么这待死的样子。"我一声不吭地站起来。"炸酱"恶狠狠地说："你过我的桥小心点！"这有个缘故。他在东浮桥站岗，我每天必须经过这桥来天宝戏院。我每天提心吊胆地过这座桥，他随时会高声喊叫："站住，往哪里走？"有时来了汽车，他就有意找我的麻烦，骂一顿"臭唱戏的"。从此我看见穿警察衣服的就害怕，父亲说："见着警察就鞠躬，要不寸步难行啊！"

这是解放前用"赶辙"寒碜警察的一段事。

一九四九年我来北京在天桥万盛轩小戏园子演出，这还是私营剧团,有班主,这时的北京天桥还是旧样,剧团的班主和当地的天桥"四霸天"臭味相投。四霸天里有东霸天——"八条龙"张八,南霸天——"活阎王"孙五,西霸天——"傅德奎"傅六,北霸天——"坐地虎"白文元。他们跟剧团恶霸班主暗暗拉拢。

我们剧团大都是二十上下岁数的青年人,受剧团恶霸班主剥削不说,挨打挨骂是常有的事。这个恶霸从天津来北京,身上常带凶器,手里拿着切西瓜的长刀,说:"我砍一个够本,杀两个赚一个。"我每天唱戏很累,只能吃两碗面条,恶霸班主成麻袋地装钱,还企图躲到西北去成班儿,我们演员都敢怒不敢言。

这时我们在天桥也有点名气了,场场满座,还常赶场,白天在天桥,晚场在城里中和戏院演出。

一九五〇年开始,天桥的四霸拼死地活动,我们团的恶霸班主也垂死挣扎。这时外面斗争开会,群众集合活动很多,恶霸班主扬言要杀人。

这时我发现后台老有警察,他们也不多说话,走走看看,我们去开群众会,到僻静小摊吃东西时,也发现有警察。我们日场演完戏,坐上颠颠车去大栅栏中和唱晚场戏,在车上也看见有警察。我吓得心里犯嘀咕:"警察为什么老跟着我哪?"虽然这警察不像旧社会的警察打人骂人、欺负唱戏的,可我总害怕他们,只要看见他们跟着我,心里就反感。一次为了赶装,我进了中和戏院旁边的致美楼,坐下要碗面条,突然发现那警察也进了致美楼,在一边坐下也要了一碗面条。我端着这碗面,心里直发毛,幸亏我跟致美楼的厨房马师傅认识,端着面躲进了厨房去吃,那马师傅还跟我开玩笑说:"警察怕嘛的,这是新社会了,他们不敢欺负你。"

我们住的是离剧场不远一个小长条院子,院里有排小房。恶霸班主,他也像所有的反革命一样,在剧场装得老老实实,可回到这一小院,他就像发了疯的狗,拿起他磨得锃亮的西瓜刀,喊着要杀人!他不许演员去开会,喊叫说要在天桥杀出一条血道来。

我在天桥万盛轩小戏园子唱戏,不接近人,也没有亲朋,除了唱戏的谁也不认识。唱一天戏,只能拿到五毛钱,因为戏衣铺天天要账,加上班主恶霸扣钱,我常常弄得连吃顿早点的钱都没有。那几天,发现后台来了一位女观众,高高个子,穿一身蓝制服,她朴素热情,看我没有吃早饭,就送我一个夹着酱肉的馒头。渐渐地她跟我熟了,可她是干什么的哪?有一天早晨在南头遛弯时我又看见她了,这时我心中突然明白了,她是女警察。但警察怎么对人这么好呢?我不明白。

我受恶霸班主的剥削欺压,从来不敢对人说。有一次恶霸抓住我,用刀吓唬我说:"我杀了你,轻了要你一只眼,重了断你一条腿!"我一躲碰在炉子上了,撞翻了开水壶烫了脚。但一拐一拐的也得上台唱戏,生活很惨!我感到那位女警察好像把这一切都看在眼里。

那时候我们剧团晚会演出任务很多,重要的地方也常去,包括中南海怀仁堂,那个女警察也寸步不离地跟着我们。她非常和气、热情。因为重要晚会都不许那个恶霸班主跟着,我们就敢随便说笑,这位女警察就跟我说话。从她的话中我知道了很多不明白的事。她是管天桥的外五区的警察,对我们这些受恶霸剥削欺压的演员,她都了解,我们每时每刻的行动,她都知道。为了保护我们,她白天跟着我们,夜里也随时观察动静,以防恶霸伤害我们。我当时水平很低,不敢相信她,恶霸对我的欺压也不敢说,心里害怕,怕说了恶霸要对我下毒手。

这位女警察一直暗中保护我,叫我控诉恶霸。可我不敢,我跟她说:"你们现在保护我,让我控诉,可他的恶徒弟很多,我是在明处,恶霸在暗处,要是恶霸对我暗下毒手呢?你们不能保护我一辈子呀。"

二十五岁时（1950 年）

女警察斩钉截铁地对我说:"能,就要保护你一辈子。"这时候我才知道她叫石磊,她对我又讲了共产党的政策,让我站起来跟着人民斗争,我头脑中有了一点认识。

这时更使我惊讶的一件事是关闭妓院,千百年的地狱打开了,苦难的好人家的女儿得到了自由,政府还枪毙了妓院的女把头"黑牡丹"。

记得一些解放出来的女孩,都有妥善的安排,有家的回家,有亲的投亲。无家可归的孤女,由公安部门送她们到工厂、到学校去做工、念书,还有的学了戏。有一次石磊姐姐领来两个女孩到我家,说是她们要学评剧,我让两个女孩儿住在我家,我对她们了解了解。学戏还是要看看条件,两个小女孩愿意学评剧,但她们很不幸,因为从小就被抽白面的父亲卖进妓院,天天挨打受骂,硬是把嗓子哭沙哑了,连说话都粗声粗气,根本不能唱戏。后来还是送她们回了河北老家,她两个一个叫大兰子,一个叫小二格,浓眉大眼,聪明伶俐,现在再见着我还会认识她们。

我们这些穷苦家庭的女孩儿,在旧社会是没有出路的,当小工、学唱戏、进妓院,是注定的路。我们在解放后真正翻身得了救,那时候我总想要自尊自强,好好工作,规规矩矩做人,因为我们是主人。

天　桥

我小时候随师傅和堂姐姐来过北京，那时的印象是北京的路很长，有个前门楼子。解放了，一九四九年我从唐山来北京，在前门火车站下车。车站很小、很拥挤，车站外一排排的人力车在等客。我们刚出站，就被人力车围上来啦，他们抢着问："您到哪儿？来来来，您上车吧……"上了车一直往南去了。我们的下脚处是天桥——北京的贫民区。路过前门，那是热闹地带，可是越往南走越穷越荒凉，路越走越不平。两边尽是破旧的小瓦房，有的小房上有很矮的小木楼，怕楼要倒了，用木棍支着，木棍脚用石头顶着。很多破旧的铺面，货物都摆在门口，缸、扫帚……有的在门口放个炉子，支一个小棚子。人们光着膀子、赤着脚，手拿大扇坐在小板凳上乘凉。还有胖老太太头上蒙着湿毛巾，坐在买卖家的石头台阶上；满脸黑泥的小孩子，身上一丝不挂，在街上爬来爬去。

一进天桥就热闹了。一个接连一个的大小席棚，有的门前吹号打鼓，这是变戏法、飞车、跑马戏的，还有唱曲艺、玩杂耍的、说书的、卖膏药的、卖大力丸的。拉洋片的最突出，那是一个一米来宽的长方形的木箱子,箱子外边贴有风景画片作招牌,内有一片片的各种画片,有整出戏的画片,也有风景画片。箱子两头各拴着绳子,可以拉上拉下。观众坐在一条长板凳上,通过一个小圆玻璃眼儿往里看。还有一条绳子拴着箱顶上的小鼓小锣小镲,拉洋片的一边拉着绳响起了锣鼓,一边唱箱内的画片内容:"唉,快往里再看哪!又一篇,这是《小寡妇上坟》哪,在里边:她左手拿着千张纸,右手托着糕饼盘。小寡妇点着了个一张纸呀,她的小嘴一咧哭了个欢哪!咚咚咚锵、咚咚咚锵、咚锵、咚锵、咚咚咚锵……唉!快往里再看,又是一篇《王二姐拴娃娃》在里边……"那个拉洋片的是天桥"八大怪"之一,外号叫"大金牙"。这人有点怯口,是个大个子,满嘴大金牙。他整天唱,嗓子都已经嘶哑了,一喊话时脖子的筋绷得老粗。另外还有摔跤的、打拳的,他们这些人都练得又矮又粗,走路两腿弓形,脚尖对脚尖,一走三晃,满身江湖架子。除了卖艺的,天桥的各种小摊数不过来,有卖旧货的估衣摊儿、算命的卦摊,食品摊卖卤煮小肠、灌肠、豆汁儿、面茶、油饼儿、油炒面、老豆腐、炒肝儿、豌豆黄等,各种北京风味的小吃。小饭铺、小酒铺多的是,一家挨一家。人挤人,挤得风雨不透,找不到一块清静的地方。

天桥有几个小戏园子,都是平房,没有楼。天乐戏院是京剧园子,万盛轩和小桃园戏院是评剧园子,小小戏院是河北梆子园子,这是比较高级的园子,低级的还有席棚搭的园子。

天桥有"四霸天""活阎王""御皇上"……他们的后代还各霸一方。有名的"八大怪"已经去世了,还在天桥卖艺的"大金牙"实际上是老"大金牙"的徒弟"小金牙",还有"云里飞"的儿子"飞不动"。

天桥的艺人受着几层剥削和压迫。军警宪特、地痞流氓,更厉害的是恶霸班主的剥削。"四霸天"是天桥艺人的霸王，艺人们搭了他们的班儿，进了他们的园子，就甭打算再出来，就得一辈子受他们的残酷剥削。进班时要写合同，按手印，财主可以随便辞退艺人，艺人可不许随便离开班。这些把头还兼开妓院、赌场。

把头们专门养了一伙打手，是一群专门闹事的混混、亡命徒。打人的专门打艺人，谁想争钱、不干，他们就打。把头们之间狗咬狗，经常互相争行斗市，砸戏园子，打群架。他们也有分工，有打人的，也有挨打的；讲究打四面一声不出，打得头破血流、皮开肉绽，打得腿折胳膊断，一动不动，就是好样的。有专门能说会道、上堂包打官司的。挨打不叫出声，挣的份儿多些。每天戏园子都给他一份钱，因为有他的股份。天桥这样的大小混混很多，北京刚刚解放时，这些人表面都装得很老实，穿得破破烂烂，冒充受苦人。

我来天桥时，这里刚刚解放，一切都还保留着旧模样，逛天桥的都是劳动人民，到这里来的农民也多，跑小买卖带点土产货的也不少。天桥当时还保留了几多：臭坑脏水多，地痞流氓小偷多，虱子、蚊子、臭虫、苍蝇、老鼠多，做小买卖的多，穷苦的江湖艺人多，拉人力车的车夫多，捡烂纸、拾破烂的小要饭的多。一下雨，道上成了烂泥塘，出不了门呀！

我初来天桥举目无亲，是师兄杨星星介绍我来的。他是唱三花脸的，过去常在天桥唱戏。我们在天桥南头一个死胡同里租了一个小院子，统共有四间小瓦房，我们来的人都住在这院里了，好歹先落下了脚，然后就面临着搭班儿唱戏的问题了。虽说已经解放了，可一看天桥的气势，我有点害怕，担心天桥的戏不好唱！

天桥这地方每天从一早起就热闹起来了。八九点就开始上人了，人越来越多，挤得人晕头转向。可一到黑天就路静人稀，没人敢走了。

四面都是大洼坑，可连个路灯也没有，伸手不见掌，说是还有鬼哪！远处儿还有坟地哪！真吓人呀！这里的地头蛇们消息灵通，知道我来到天桥了，马上就有人找我出来唱戏。铺盖行李还没有打开，就不断有人来找。小桃园的东家、万盛轩的财主、三行茶房职工都来劝说，让我在天桥唱戏。

我最感兴趣的还是逛天桥，一早出去看小铺子门前挂着的各种招牌幌子。我喜欢坐在小摊长条凳上吃炒肝，喝豆汁，或在茶摊喝一碗大碗茶，再挤进说书场，听一段评书。说书场随便进，唱完一段就要钱。钱不多，五分一毛就行了。还有西河大鼓，各种曲艺，和说书一样收费。我都去看看听听，棚里一排排都是长凳子，离地稍微高一点儿的台子当中，有一个桌子，说书的坐在桌边上，有时站起来。西河大鼓是站在桌旁打鼓说书。我去了许多书场、戏院和地摊，发现女观众很少，尤其我这样年轻人更没有。我早起走到天桥南头，那边更脏了，垃圾堆成山，很远就有一阵阵的臭味儿，可是那么早就围上很多的拾破烂的小孩们了。这地方我只去看了一次就不敢再去了。早晨五六点钟我出去散步，开始先走到南头看看没有开门的小铺面，看见卖膏药的门前有一个很大的膏药幌子，一块大方木板，红油漆底，当中一个大黑圆团子，原来画的是一块大膏药。卖膏药的门前有个大狗熊，远看吓了我一跳，近看才知是个标本，虽然是假的，可也很吓人。这个铺子还卖大力丸，用狗熊作幌子表示吃了大力丸力大如熊。

至今还记得的一家小吃摊，是北京风味的爆肚，还有一种爆肚仁儿，真是美味。后来这家卖爆肚的搬到前门大栅栏门框胡同去了，现在这种爆肚少见了。

天桥的小吃种类太多，简直吃不完。后来我演戏了，天桥的人大都认识我了，我无论坐在哪个小摊吃东西，总是招来很多人看我。吃东西被一群人围着,尤其是喝茶汤,又热又烫,吃了满嘴,叫人看热闹。小孩子们还叫着我的名字,太难受了,后来我就不敢到小摊上吃东西了。

我平素好奇,凡是不懂的爱问,没有做过的想做一做,没有吃过的想尝一尝。在一个算命卦摊上,看见好多人围着看"黄鸟叼帖",这是怎么回事哪?把我这刚来北京的人吸引住了。我得试试,我一个人在卦摊前头站了半天,心里想算一卦,可又说不出口来,那时我才二十岁,这么年轻算命多不好。来算卦的人真不少,可没有一个像我这样的。看看人少了,我就对那算命的先生说:"您受累,给我算一卦。"那先生说:"先讲讲生辰八字,求财还是问事?是寻人还是找事?我这黄鸟通神,能够逢凶化吉,遇难呈祥;求财早遇,开业合宜。"

我说:"生辰八字我不知道。我是演戏的,来北京想唱戏,还没有搭上班儿。想问问……"那先生没等我说完,就抢着接过我的话茬儿说:"嗯,你是求事的,好吧。"我交了钱,先生跟笼子里的黄鸟说了几句我听不懂的话,又用手比划比划,给黄鸟一点东西吃,开开笼门,放出黄鸟。那黄鸟扑着翅膀叫了几声,然后飞到那个装满了帖子的竹筒上叼出一个帖来,用嘴一甩,正好甩在先生面前。这黄鸟真通人性!先生一摆手,黄鸟就飞进了笼子,先生又把笼门关上了。

先生打开黄鸟叼出的帖,让我看。我认识不全那上边的字,说:"先生给我念念吧,再讲给我听听。"

先生慢条斯理地念道:"猛虎山前逢绝路,麒麟坡下遇樵夫。君子若问名和利,烈日消霜半点无。"

这四句诗念完,我听出来语气不祥,可还是不懂,请先生给我说说。先生摇着头,脸上带着很为难的样子。我心里凉了半截,知道准是好不了。先生说:"黄鸟给你叼的是下下帖,不吉利呀!过桥,桥危;行路,不顺;求名,不成;要利,没有;寻人,不见。"听了先生的讲说,我真后悔来叼帖算卦了。那先生热情地说:"姑娘,没有关系,能解,能解。再补一卦,再叼一帖,看看如何?叼灵帖,算灵卦;求财问喜,观风水,看坟地;小子找媳妇,姑娘找女婿,开箱唱戏。"

我越听越听不下去了,我的目的就想算一个黄鸟叼帖卦,谁想到花了钱还招来这一通别扭呀!

我在天桥演戏的剧场是万盛轩。这个园子是"御皇上"的产业。那时御皇上已死,御娘娘还在,园子只要一开戏,这位小脚的娘娘就来拿钱。我们这个小戏班的班主也是个流氓头子,这人四十上下,满口金牙,是个很会做生意的人。天桥最热闹的地方,都贴上了海报,大红纸黑字,写着"评剧新星新凤霞",万盛轩戏院门前贴的是大红地金字,更显眼了。

万盛轩破旧得厉害,铁罩棚,烂泥墙,外面下多大雨,里边也下多大,真是八处漏雨,四面透风啊!一个小土台子,后台小得人挤人,连找个站脚的地方都困难。顶上有个小天窗,剧场里尽是小方桌,周围有凳子,观众看戏面对面坐,可以随便聊天吃东西,后来才换了长条凳。剧场大门,夏天挂一个半截的白布门帘子,冬天挂蓝布的棉门帘子。

剧场是早九点开戏,演到晚九点散戏,当中不休息。一天里几出戏来回轮换,看戏的是流水座,随便出入。演员一进后台就是一整天,吃饭休息都在后台。我在一处墙角搭了一块木板,为的是太累了,可以躺下直一直腰。剧场进门处有一个大斗,看戏的向斗里扔一毛钱就能进去了,可是出来以后再进去还得扔一毛钱。

天桥的戏园子、说书场、变戏法的、马戏、飞车表演等,都专门有人在门前吆喝招徕观众。吆喝是天桥做买卖的习惯,卖各种小吃的常吆喝,只是吆喝还不够,卖小吃的人扎着围裙,戴着双套袖,叉着腰,手里拿着刀、勺、铲,在锅边上一边敲打着,一边大声吆喝。敲得有板有眼,吆喝得有辙有韵。

我在万盛轩唱戏,门前贴着大红金字戏报,还挂着我穿便装和戏装的大照片。大门两边高凳上站着两个人,这两个人可不简单,过去都是御皇上的伙计,是能说会道出了名的,不想看戏的人被他们一吆喝,也非看不可。我来万盛轩唱戏就是他们两位来劝说的,说死说活,非要我到万盛轩来唱。说这园子是专唱评剧的,有保险的老戏座儿。他们两个轮着班儿拿着一面大锣,站在高凳上敲打,等人们都被他们引来了,他就放声吆喝了:"来呀!来看看新凤霞呀!嗓音好听像个小喇叭呀!看戏的快占个桌,晚了就没有座儿呀!……这是外地请来的新角儿呀,快请吧!"

天桥的戏园还有一件新鲜事:观众可以随便来后台看演员。他们多半是劳动人民,来北京跑买卖,住在天桥小店里,看戏时也背着钱褡裢。他们进后台看演员,还很爱说话:"我们是外地进京送些土货的,看了台上演戏,再到后台看看演员,进京真不易啊!"我们已经累得抬不起头来了,他们也不走。有人告诉说,演员太累了,要休息。他们说:"中啊!演员累了,要休息就休息吧,我们不恼哇。演员累了躺会儿,我们不累坐会儿吧。"他们坐够了才走,戏园的人也不敢撵他们。

散了夜戏回家快十点了,路上还时常有人用手电筒有意往我脸上照。沿途一片漆黑,赶上刮风下雨更阴森。有一回遇见一个妇女,双手举着一炷香,尖着嗓子怪叫,原来她在叫魂!因为孩子病了,她说是冲撞了过路的神灵,所以烧香许愿。她走远了,还听见她在惨叫,看见远远的香火头。

就在那时候，终于发生了一件可怕的事，那天我演《枪毙徐大春》，是一出彩头凶杀戏。散戏后，打雷打闪地下了一阵小雨，雨住了还是又闷又热，我不敢一人走黑道，让老演员王度芳送我回家。一路上我心里直犯嘀咕：刚才在舞台上演的徐大春举刀杀人满脸流血的恐怖形象，又在想着黑夜里的天桥会有拦路的坏人……

我和王度芳并肩走着，王度芳虽然是快五十岁的人了，可他平时胆小怕事，连虫子都害怕。走着走着路上人越来越少了，只听见远远有狗叫的声音，我后悔找了这么个胆小鬼来陪我。忽然从黑影里蹿出来一个人，手里拿着家伙，拦着我们两个说："兄弟，别走啦！"可把我吓坏了，我双手拉着王度芳，浑身发抖。那人说："怎么着，江湖点吧！把值钱的留下，借两个花花。"王度芳不慌不忙，也不说话，他转身从我胳膊上把我的手表撸下来了，说："兄弟，你照顾点儿。"他把手表一晃，猫腰放在地上了，用手一指，意思是让他自己拾起来。王度芳闪在一边，那人果然低头弯腰伸手去拾那块表。真叫我意料不到，这个素来胆小的王度芳突然照准那人狠踢一脚，正踢在那人脸上，就听那人"哎呀"一声，两手抱着脸，倒在地上疼得打滚。王度芳把表拾起来拉着我就跑。正好迎面碰见公安局的巡逻队，他们是常到万盛轩去维持秩序的便衣人员，都认识我们。他们表扬了王度芳，抓住了坏人，又把我送到家门口。

到了一九五〇年，整个天桥就有点好转了。路虽然没有修，下雨还是烂泥塘。可是市面好些，开始了镇压反革命运动。我们万盛轩的演员大都是青年人，开始很胆小，经过外五区公安人员耐心做工作，我们提高了觉悟，控诉了恶霸的罪行，斗倒了班主。我还坐着大卡车到处宣传，那股新鲜感和高兴劲儿，真不知用什么语言来形容才好。

人变了思想，天桥也变了样。那些泥潭污水塘都填平了，那些小碎砖头路、土路都修成了柏油马路。那些破烂的小戏院、席棚、说书场……一片片小土房子全拆了，盖起了楼房。那个歪歪倒倒的"小桃园"不见了，盖起了很阔气的现代化的天桥大剧场。天桥剧场盖好后，记得是我们万盛轩这个小剧团头一个进去演出的。简直像做梦一样啊！天桥的变化是我亲眼看见的！

一位外国记者想写一篇关于天桥的文章，介绍天桥的昨天和今天。可是她到了天桥觉得没有什么可写的，老天桥的痕迹一点也没有了。我写的也不是最老的天桥，因为我是从一九四九年才到天桥唱戏的，我是老天桥最末一代的演员。从那以后，天桥就摆脱了千百年的苦难。

第二部分

本色见才华

我的艺术道路

我从记事起就知道饥寒困苦。那时我在天津南市贫民区一个"三不管"九道弯的大杂院里住。家家因没有粮食为难,饥吵饿斗,大人打架吵嘴骂人,孩子哭喊要吃的,闹肚子饿。常听见女人打孩子一巴掌骂道:"该死的,还不滚一边去……"说着把孩子推出门去。那是三九天哪!孩子冻得喊叫:"我不饿了,让我进屋吧。"做娘的心疼啊!又把孩子紧紧搂在怀里,解开衣扣用胸贴着孩子暖着。孩子虽然不哭喊了,但眼泪却把娘的胸口浸湿了!

穷人的孩子早当家,知道困苦,心疼父母。小胡同里都是大杂院,我们这个大杂院住了十几家。大街地势高,胡同地势低,院子更低,一下大雨屋里就成河,雨水就要上炕!我们小女孩儿,从小学会用纸剪一个女孩儿,再剪一把笤帚、一个簸箕,用针把它缝在纸人的左右手上,说这是"扫天晴",把"扫天晴"挂在门框上,全家人磕头求天保佑,可别再下雨了。我最会剪这个"扫天晴"了,没有"扫天晴"的人家,我就剪好了送去给挂上。我们没有胶鞋,都是自己用市布做油靴,在靴掌上钉上钉子,鞋帮上好桐油。这种鞋可沉了,穿上双油靴磨得脚长泡，因为又重又硬怕磨坏袜子，光着脚穿，磨得脚掉层皮，脚趾头露出鲜红的嫩肉。可我们照样走东串西，踢踢踏踏走起来带声响，一刻不闲着。下雨天最怕的是看着父母发愁。雨天父亲不能出去卖糖葫芦，一家人大眼瞪小眼，眼看着分文不进，我们是挣一天吃一天的人家啊！

父亲有肺病，一到冬天，他就咳嗽吐血。我从记事起就知道要学本事挣钱养家。七个孩子加父母共九口人，睁开眼就得要吃要喝呀！光靠父亲卖糖葫芦难保一家人温饱。穷苦的孩子们抱团儿，小女孩儿们要挣钱，那年月好道太少了。我们住的那地方的人家都是社会最底层，个子大的当女招待、到妓院当使女，小点的只有做零活。我是小不点儿，又瘦又小，去砸核桃，去蛋厂打鸡蛋，去装火柴，到纺织厂捡线头，或者给有钱人家做零活，给老爷太太捶腰砸腿……反正有活就干，为了挣点钱帮助爹妈过日子、一家人吃饱饭。

父母都没有文化，常听大姑妈说："小女孩儿从小得学会拿针用线缝缝补补，还得会蒸饽饽做饭。"记得七岁我头次和面，把面和好了，大伯母看了看，就狠狠打了我一巴掌。她说："和面要手不沾面，面不沾盆，看看你手上是面，盆里也都沾上面了，过一阵盆里就沾出一个面盆了。"我记住了这话，够不着锅台就学做饭，做针线活。我受二伯父家的影响，要学唱戏挣钱养家。我怕他们把我送进妓院，怕当女招待、童养媳。

那年月女孩子挣钱没有好路可走哇。我决定学唱戏，像堂姐那样，台上唱好戏露脸，台下能吃饱穿暖。自己的道路选择好了，我就天天去二伯母家，首先给二伯母干活，跟二伯父和姐姐学戏。先学好吃苦受累，才能唱出"嘎嘣脆"的好角儿。要想人前显贵，就得背后受罪。冬练三九，夏练三伏。冬天练功，姐姐说："脱下棉袄来！"我就赶

新凤霞三十岁

快脱下棉袄,寒冬腊月呀,伸不出手来。姐姐推开屋门,向院里泼了一盆凉水,水立即冻成了冰。姐姐说:"小凤快跑圆场!"我穿着单衣,猛地出了屋在冰上跑圆场,跑得满身发热,手指头冻得紫红,姐姐不叫停不敢进屋。夏天三伏最热了,姐姐想看看我的功,让我在院里练,在太阳底下还要加上两件衣服。唱戏的不怕冷、不叫热,上了台再冷也不能穿棉袄,再热也要穿上戏装厚衣服,这叫练意志。

小时候除了演小角色,在后台还要讨人喜欢,眼里有活,心里有数。记得七八岁在天津南市"大舞台"跟着堂姐唱戏,这个"大舞台"可是好角占领的大戏院,是彩头班,连演台本戏《西游记》,主演梁一鸣演唐僧,朱小义、李仲林演孙悟空。一天,梁一鸣来晚了,大家七手八脚伺候着他赶场,我在旁边看着不敢向前。梁一鸣误了场扮戏着急,发脾气说:"快!拿衣服,拿靴子。"大家手忙脚乱。忽然我发现他脚上的靴子没扎靴子带,脚必须蹬在凳子上才能扎靴子带,大家忙乱没给准备凳子。我看在眼里,赶快过去,双手扶地趴在地上说:"梁老师,您蹬在我背上扎靴子带吧,快要上场了!"梁一鸣果然脚踩在我的背上,扎好靴子带上了场。这件小事可算是有眼力见儿,是救场如救火的行动,后台老板都夸我。姐姐是唱刀马花旦的,她脾气大,我做了好事她高兴,可不当面夸我。她说:"戏班的能耐是靠有心人吃苦受罪,不能靠门户、家族,不能靠外快吹捧,小凤有点心眼是我打出来的,这叫'长心真干才能吃饱饭'。"为了挣钱,我能吃苦,也听大人的话,二伯父高兴了,带着我去串巷子卖唱,去"三不管"卖唱,我都去。

旧社会小演员跟师父闯江湖,到处流浪,跑码头搭班唱戏,或者参加财主的班。财主有自己的戏园子,前后台都是他的,这种财主班剥削克扣艺人最凶最恨,因为他们大都依仗权势,财主本身就是地泥

新凤霞二十世纪五十年代与吴祖光和夏衍

与夏梦、裘盛戎、谭富英聊创作

子。这种班子可不好唱、不好搭,搭班如投胎,投胎都要财。如挣一块钱份子,要扒几层。财主和家里人过生日、孩子过满月都要扣钱,开到自己手里就连一半都没有了,我们小演员连饱饭都混不上。

跟着戏班边唱边学,头脑得灵活。人常讲:"人挪活,树挪死。"又讲:"此处不养爷,自有养爷处,人不能犯死性。"我为了一家人温饱,跟着母亲闯荡江湖,走到哪唱到哪,那真是为了吃饭见人就下跪,一边学一边会,走遍天下都受罪呀!有评剧班好说,进后台给祖师爷磕个头,拨出自己戏折子值多少钱的份子,这叫"是骡子是马拉出来遛遛",讲真本事。没有评剧的地方,那就得随着地方上的戏种唱戏。

记得在大西北兰州、西安等地,原来只有一个评剧团,主演嫁了人,散了班。我就在秦腔班里唱,跟着演个丫鬟、宫女;跑大兵,扮个傻小子抹一脸黑;演个"店家",画个三花脸。为了吃饭叫演什么就得演什么,还得认真好好干,不敢有一点调皮捣蛋,要不就会被辞退了。

有一次去山东烟台、济南、青岛,评剧班散了,我去海边撂地卖唱,我在山东梆子班唱过。后来,在河北省石家庄丝弦班唱过,河北梆子也唱过。为了吃饱饭什么班都搭、都敢唱,同时也真练出了本事,长了胆子。

十三四岁,我在天津唱上了主角。记得曲艺名演员常连安大爷,他跟我父亲是磕头把兄弟,又是邻居。他家孩子多,生活也困难,大哥常宝堃艺名小蘑菇,他下边的弟弟也排着叫二蘑菇、三蘑菇、四蘑菇……为了吃饱饭,常大爷时常叫我去帮忙,跟大哥、二哥一起去"三不管"棚里撂地唱一两段。我从小就见什么学什么,梆子、二黄、评剧全不挡,能够把冷落场子唱热火起来。这在旧社会叫"帮场子、亮嗓子、练胆子"。常大爷要我参加,撂地唱几段,我总是分文不要,

"艺亲不图金，浇花浇到根，交人交个心"，这是父亲跟常大爷说的。常大爷过年节常给我买花戴，我高兴极了。

我在旧社会知道："黄金有价艺无价。"搭班唱戏大都是共合班、集体班，因为共合班是大伙经营，没有财主剥削，也招不上官方势力。可是共合班也长不了，因为没有后台支持，只有干一天算一天。因此常常换班流浪，也是为吃饱饭哪。

记得日本投降前的一九四四年，舞台上乱七八糟，无论京剧、评剧都得猎奇。艺人为了吃饱饭，什么《纺棉花》、什么加演什样杂耍、大杂烩、一赶三、双剧连演、大反串等都演，花样百出。评剧跟着京剧老大哥走，在天津河东天宝大戏院，我跟杨星星大哥演过《拾黄金》，内容是两个要饭的叫花子拾了一块金子，高兴得不行，对唱，祝贺。除了唱自己剧种的名唱段外，还要唱出各兄弟剧种的名唱段来。两人要唱三四个小时。这时是过年封箱，演员大都回农村过年了，没有什么人，财主想出的新方法，留两个演员唱一台戏。一天，星星大哥突然发高烧病倒了，只剩我一个人，怎么办？那时候是不能随便回戏的，回了戏观众可以砸戏园子。这可是"祸头子叫门——等着挨刀哇"！财主看不起我，斜着眼说："星星烧得说胡话，不能上台了，你说是回戏呀，还是怎么办？火烧着眉毛了。"我一想，练兵千日，用兵一时，好钢得用在刀刃上，说："行啊，人要逼到头了，是火也得爬上去，是海也得跳下去，我一人来！"我请财主为我写一块牌子："杨星星病了，今天《拾黄金》我小凤一人上场，不看退票，不听走人。"财主带着看不起我的样子说："行啊！"然后写了一块牌子："新凤霞一人演，不看退票。"结果，观众没有退票。我把家底全亮了出来，一个人唱了一台戏。那时也不请报幕主持人，就靠后台老板上去说几句话垫一下场。这一台戏观众是越看越投入，最后向台上扔钱、红包,还真唱红了。财主都是生意精、买卖神,星星大哥病好以后,他也不让星星大哥上场了,就贴出戏报让我一人唱。唱了几场,观众也十分喜欢,只是真够累的呀!那时没有扩音设备,真是得"一张嘴灌满堂"。观众喝彩声如雷,这也是给我以鼓励啊!

给人留饭,这是做人的品德。当时我虽不懂,心里却觉着有点不对。就在这时来了一位文明戏名旦角张笑影先生,他是杨星星大哥的朋友,同辈演员。他看了两场我一人单唱的《拾黄金》,来后台跟我说:"凤霞,我讨个大,比你早唱十几年戏,吃戏饭早点。我不客气地告诉你吧,我是公子哥儿票友,爱戏,开始是清唱,后来下了海进戏班,我才懂了'给人留饭'的道理。唱主角的要想着四梁八柱,要想着缺了一根梁柱子也要塌房啊!你这么小,一个人唱了,你想没想过,后台还闲了一大堆人呢?吃饭想想洗碗的人,做菜的想想吃主儿,做好了木器要想想上油漆的人,唱主角儿的要想想乐队,还有那些演配角的绿叶子,想想一般的演员,有了他们你这朵花才能好看啊!你小小的年纪一人唱了一个晚上,确实有功夫,不容易。凡事都要量力而行,你是戏曲演员,不是独唱演员,更不是单唱的曲艺演员,你量力不是就量你一个人,你要量量一班人的力,一个戏班有多少力呀!各种行当:生行、旦行……还有管戏衣包头的、打水的、扫地的、打杂的……这些都是力呀,你都要量一量,才能是当主角儿的材料了。"听了张笑影先生的教导,我去找前台经理,表示杨星星好了,一同演,如不好,从此再不一人唱《拾黄金》。前后台同行说:"小凤这孩子得到名人指点了,她知道'给人留饭'了。"张笑影先生看我听话,他主动为我排了《锅碗丁》《卖妻恨》《春阿氏》《蒸骨三验》《张文祥刺马》等文明戏移植过来的剧目。那时唱戏挣钱,不唱就不给开钱,我一个人唱,其他人就不得钱。所以星星大哥也感谢我。

"给人留饭"这句话让我受益不小,因为这是为人为艺的品德。我小时因为嗓子好,什么都一学就会,连街上的叫卖声我都喜欢听。唱戏要先请一位好琴师。我的第一位琴师是当时评剧界最好的琴师张恺,原来是拉河北梆子板胡的,后来改拉评剧曲子,给著名的评剧演员刘翠霞拉板胡。刘翠霞去世以后,我就请张老师为我拉弦。张老师手音准、功夫深。他吹、打、拉、弹样样都好。他本来不会给我这小演员拉板胡的,因我师父张福堂是他的弟弟,我叫他师伯父。他给我拉板胡挣钱多,我贴补他三分之一,我挣的钱比他少。因为他是名琴师,脾气大,我虽是主演,也得尊重他,前后台也都尊重他。戏班里不养老,人老了被看不起。但我对老人尊重,我请的合作者都是老人,因为人人都有老的时候。我是小主演请老人来合作,他们给我很大帮助,也传给了我很多艺术经验和做人的道理。比方我懂得了步步、事事要"给人留饭",这是做人的品德。

从为了"吃饱饭"到"给人留饭",是艺人在人生道路的一大进步。就是说,自己吃饱了,得想着还有人饿着哪!那种只要自己吃饱,不管别人死活的人是不可交的自私小人,这种人在任何时候也不可亲近。

补 台

戏班常讲"救场如救火"。在台上演戏,要眼观六路、耳听八方;要机智、灵活。师傅教育我:"学会机灵便儿、眼力见儿,不砸死锅。"我从小演戏就机灵,出了事故不慌神儿。记得头一次演《杜十娘怒沉百宝箱》"赠银"一场戏,杜十娘唱:"三更三点夜静更深,低言悄语尊了一声郎君。十日之限明日尽,三百两纹银无有分文。鸨娘将你赶出院,生离永别郎君可忍心?我这里暗藏纹银一百五十两,赠予郎君为我赎身……"

那时台上有捡场的,一瞧是我们小孩演戏,他就不认真,道具银子包也没有放在堂桌子上,他就走了。我一做取银子的动作,才发现没有银子包,我就假装取出银子放在手中。我手里有手绢,用手绢假装包好递给了李甲。这场戏我就这么演下来了,观众也没有看出漏洞来。

师傅说:"这孩子有灵气。"台上的灵气是磨炼出来的,不是教出来的,这叫"戏得师傅教,窍得自己开"。要练出聪明劲,能急中生智,应付突然发生的情况。台上的事故,事先都是想不到的,出了事,就必须想办法弥补上，不能让观众看出破绽来。

我小时爱看戏，偷偷地学戏，能够把一出戏中的所有角色都学会。那年我十三岁，演《桃花庵》，当时很多演员"赶包"，演老尼姑的老师没有赶到，眼看要上场了，后台管事的师傅急得乱转。忽然手里拿着尼姑帽子和尼姑袍子朝我走来了，说："小凤啊，你知道咱们戏班讲究'救场如救火'呀！你大叔没赶到，这个老尼姑你替吧！"说着把尼姑帽给我戴上了，又帮着给我穿上了尼姑袍。师傅又说："你平时看戏都学会了，这叫'学戏千日，用在一时'呀！"还没有容我回话，他递给我一把蝇甩，就把我推上了场。既然出了场，我就严肃认真地做戏，手里摇着蝇甩，迈着四方步，学着老演员的派头，做出老尼姑的老人样子。演陈妙常小尼姑的是李宝顺，她是老演员。我认真做戏叫板："啊！徒儿，……虎丘山开了迎春大会，为师有意带领徒儿前去看会，不知你可愿往？"陈妙常说："徒儿愿去。""哈……徒儿！随师来……"我平时管李宝顺叫师姑，她看着我这个十三岁的小"师傅"装着大人样，实在忍不住了，想笑，我转身小声说："别笑！"

台上无大小，演什么要像什么，我小孩时唱戏就养成这个习惯。这个老尼姑演下来以后，影响很好。后台师傅们都说："这孩子江湖，救了场。"台下观众也有了印象，说："这小孩演个老尼姑，认真做戏，很不错。"

做一个演员要记住：像不像，三分样；装龙像龙，装虎像虎，上了台心里要有个谱。台上不记仇，台下要交流。在台下无论两个人有什么矛盾，只要上了台，就是剧中人，不能把台下的私事带到台上去，这是一个做演员起码的道德。

我遇见过这样一件事：有一次演《双婚配》，我演何喜姐。剧中有两个彩旦：陈太太、何太太。两亲家在庙会见了面。董瑞海演陈太太,红牡丹演何太太,他俩都是男人演彩旦的。两个人有点矛盾,在后台闹过口角,上了台就赌气。陈太太和何太太在庙会见了面,应当很亲热,董瑞海一见着红牡丹就有气了,说:"哟!这不是亲家陈太太吗?"他头脑不冷静,叫错了,应当叫何太太,可台下没有听出来。红牡丹有意停住不回答,等台上台下都静了,红牡丹说话了:"哟!你不是陈太太吗,怎么管我叫陈太太呀?"这下子台下观众知道了,来了个大笑场,倒好跟着喊上了:"好!"这叫有意扒豁子、揭漏洞,没有戏德。

因为前边出了这么一个大事故,台下一直在笑场,我们后头的戏就不好接。最后一场戏,是陈连科跟何喜姐在洞房吐露实情,最后念对子下场。演陈连科的是我师兄小桂楼,他为人老实胆小,前头出了事故,他紧张得要命,怕再出事故,一直在背词。本应该是陈连科念"正是一枝莲花分两朵",何喜姐念"姻缘本是天作合"。小桂楼因为紧张过度,也念不出"正是"了,我就念了"正是";下边他应该念头句:"一枝莲花……"他忘了,大声念的是:"一盒莲花,一盒藕",我一听,糟了,我不能接"姻缘本是天作合"呀!可又不能不说,不说下不了场呀,我急中生智,挤出一句词来:"你我拉手一块走!"这才下了场。小桂楼师兄说:"吓死我了!我从前场来了个大倒彩,就害怕,一直在背词,可一上场就忘了,就想不起来这句对了。手脚冰凉啊!要不是你接下去,下不了场啦!"

师傅过来表扬了我,红牡丹师叔也过来说:"小凤这孩子真机灵,头脑来得快。瑞海呀!师兄我对不住你,给你扒了个豁子。"两人拉着手言归于好了。

记得京剧演员梁一鸣老先生对我说过一件事:他和裘盛戎头一次合作,在上海演《二进宫》,裘演徐延昭,他演杨波,一上场,梁先生就把台词说错了，裘盛戎快走了几步，做了一个抖袖捋胡子的动作，把观众的视线引到自己身上，这叫有戏德。

常讲："学得江湖点，保着戏唱，不能扒豁子、揭漏洞，叫戏洒汤漏水，私事比天大也不能带到台上去。许补台，不许拆台，您兜着点儿，您保着点儿。"都是为了台上别出毛病。出了毛病要保住，把戏接下去。

记得抗日战争胜利后，一九四六年在天津上演过一场义务戏《三女锄奸》，也叫《绣鞋记》，是小白玉霜、鲜灵霞和我合作演出的。小白玉霜演赵素琴，鲜灵霞演张春莲，我演张秋莲。这场义务戏很隆重，是在天津国民大戏院演出的。

春莲姐妹上堂告状一场，在后台唱一句："张家逃出两朵莲"，出场再唱："同到大堂去喊冤……"然后上哥哥张广泰击鼓，再上知府，戏才接下去。灵霞大姐唱完头一句，我们上场，她在前，我在后，一出场我把灵霞大姐的鞋踩掉了。她平时脾气大，如果这是别人，大姐一定发脾气。我们俩是干姐妹，她是大姐，我是九妹，小白玉霜是四姐。灵霞大姐走不了啦，这是跑圆场，正响着"急急风"锣经啊！

大姐边走边小声骂我："小九，死丫头！忙嘛呀？像抢孝帽子一样！"我嘴里念着"姐姐慢着"，一边把鞋捡在手里，"姐姐，随我来。"叫了一个"乱锤"锣经，扶着灵霞大姐坐在台当中，让她穿上鞋，又扶她起来，"姐姐，快走。后边有鬼！"又叫起"急急风"[1]锣经，归了原戏，观众一点也没有看出破绽来。姐妹双双扶着去告状，灵霞大姐又小声问："你看见什么了？""我看见包子了。"这是当时吃杂和面年代，老百姓日常生活中很典型的一句话，看见包子就什么

---

[1] 急急风：戏曲打击乐的一种打法，节奏很快，大多用来配合紧张、急速的动作。

也不顾了。我是逗逗大姐别生我的气,反正台上在打着"急急风"锣鼓点子,一片山响,台下也听不见。谁知她憋不住,笑了起来。灵霞大姐爱笑场,而且一笑就没有完,笑得站不住了,蹲下了。在旧社会演戏,当角儿脾气大,有什么毛病谁也不敢说。按剧情,灵霞大姐应当接唱:"同到大堂去喊冤……"我们下了场,再上张广泰。演张广泰的老演员是张金树,正在上场门等着,他看见我把大姐鞋踩掉了,又引起大姐笑场,一害怕,上冒了场。我们还没有下场,他就上来啦。一般观众也不会知道,但这里他有念白:"奇怪,奇怪,真奇怪,她们进去我出来。我叫——张广泰。"他一冒场,他自己也傻了,他又怕角儿,看见灵霞大姐就害怕,站在场上说不出话来了。我赶紧上一步说:"奇怪,奇怪,真奇怪,我们没进去,你怎么就出来?你叫张广泰!"我用干净利落的嘴皮子功夫,最快的速度,正颜厉色,念得很漂亮,观众和台上的人都被我给镇住了,都静了下来。我接着又说:"走,姐姐,咱们告状去!待我击鼓。""咚咚咚……上知府",这样才把戏接下来了。最后上赵素琴,大堂结束。这场义务戏结果很圆满,虽然出了两个事故,可也都解决了,没有"洒汤漏水"。

有人说,唱戏的是疯子,听戏的是傻子。你在台上认真做戏,观众是非常忠实的,他会相信你,跟着戏走,要不怎么说"看戏的掉眼泪——替古人担忧"呢?台上笑,台下也笑,就看演员在演戏时的认真实在,假戏真做。装腔作势,扭扭捏捏不行;粗手大脚,撒野做戏也不行。要严肃真诚、忠实于人物。要心里有观众,眼里有戏,遇着什么不慌不乱,风来挡风,雨来挡雨,全凭心灵、眼快、口也快。

来北京

天桥落脚

一九四九年新中国成立前夕我来北京的时候,一切都照旧规矩,各行各业人情世故都照旧的一套。戏班有句话:"搭班如投胎!"我随杨星星大哥来到北京,住在南城一家小店。来北京唱戏可是不易,当年虽然也常来,可那是随师父跟着大人唱丫鬟、彩女,跑龙套,演零碎,这回我来北京是想挑大梁唱主角哇。

这时的北京是一片冷落的惨景。那真是两眼一抹黑人地两生。艺人出门靠朋友,讲江湖义气。我们戏班有个规矩,每到一个地方都要去拜访同行前辈人。星星大哥带我找到席宝昆大哥,他是"再文社"的梁柱子、著名演员,记得我见到宝昆大哥说:"宝昆大哥,我来北京,这是头次来挑大梁,演主角儿,大哥您要多关照帮助。"星星大哥也替我说了很多好话,都是求帮助。

宝昆大哥为人很痛快,头次见面他热情地说:"咱们是艺人,天津和北京就隔一火车,这么近就是一家人。一切困难咱们一起克服。"宝昆大哥有文化,我们都佩服他。他说:"新凤霞这次来北京,我们这里的人都要帮助,一切朝我说吧。"我听了这话心里有了底,很感谢他。

"再文社"是小白玉霜自己组的班,她是班主。"莲剧团"是喜彩莲自己组的班社。还有一位名演员鸿巧兰,自己成的"幽兰社"。三大主演,自己成班,各占一方。我这小小的青年来这里真够阵势呀!但初出茅庐不怕虎,就是要闯闯天下。

这三大评剧班班底硬,主演也都是有经验的著名演员。我来北京都挨家去拜访,求帮助,让多关照。记得是星星大哥、李凤阳大哥带着我先去拜访了"再文社",见到了王度芳、李福安、席宝昆师兄们,又带我到南城石头胡同,一所小平房四合院找评剧公会负责人,要求搭班唱戏。负责人瘦瘦的,夹着香烟,上下打量了我一阵,足足地抽了一口烟说:"来北京唱戏,可不能比天津、唐山、石家庄、张家口呀。这里是京城,京昆梆大戏祖师爷待的地方!现在就说评剧吧,有两大社一个团,鸿巧兰的幽兰社、小白玉霜的再文社、喜彩莲的莲剧团。你来了,城里你是进不去的!以珠市口为界,南北分清,南城是天桥的万盛轩、小桃园小戏园了,北城是中和、广和、长安、吉祥等大剧场。你想想城里都是大戏院,都被有名的京角儿大演员、评剧三大主演占了,你提得上号呀?想在北京城唱戏啊,自己得量量力!不客气说,你是无名小辈当主角的年轻演员,可别白染这一水,自己好好考虑考虑。我这是替你想,你还小,不够火候,不知轻重!"这话如一盆冷水从头泼下来,真难接受。

陪我来的杨星星、席宝昆、王度芳、李凤阳都惊呆了,互相送眼色,一个个不开口。我心里阵阵地打鼓,但我还是很冷静地慢慢说:"是,是,是,我年轻,才冒出来。我愿意来北京唱戏,就是为了见

穿花裙子留影

见世面，看看大演员的威风，学点能耐，长点本事。城里是大地方，能进是我的奔头，进不去，我也不打顺头[1]。我下苦功练出能耐，将来你看我行了，我就进城唱一段试试。练武的不怕挨摔，唱戏的不怕挨栽，打仗还有个胜败，求您多捧一把。"我这是从小跑江湖练出来的，知道什么场合说什么话，什么阵势拿什么武器。十四岁杨星星大哥就带着我到处闯荡，他知道我，也同情我，重要的是他相信我，有志不摔死跟头。那时他已四十多岁了，他担心我受不了这种冷遇。想不到那天我精神虽然紧张，却一点不泄劲。

最终，我在天桥落了脚。杨星星请席宝昆大哥为我请了位琴师吊嗓子。我从小唱戏就靠四梁八柱好，讲究好琴师打鼓佬。因此我来北京必须请到一位一流的琴师。当时北京评剧界的第一流琴师只有两位，一位是焦景俊。焦老师是早年给白玉霜伴奏的，现在正给小白玉霜伴奏。老先生对我很好，从小就喜欢我。可是他很忙不能脱身，又有同行之间需要注意的关系。另一位是杨殿珍大哥，从外地回京休息，正好请他来为我伴奏、吊嗓子。殿珍大哥给吊嗓子时，开始老是鼓励我，说我如何好，我说："大哥你来给我吊嗓子，就是要来给我挑刺儿，因为您是老北京，知道北京唱戏的情况。我来这里唱您看行吗？"杨殿珍大哥忠厚老实，就说个"好"。

如何唱戏

我当时一脑袋戏班煅烧出来旧套子，觉得到北京唱戏可是到了戏窝子，京剧老大哥名角多，评剧三个大班二社一团！我不忙唱戏，先看看戏吧。上到城里大班社，下到天桥大棚小摊，我一天看三场戏，

---

[1] 不打顺头：戏班的行话，就是不灰心的意思。

一早出门身上带着干粮，有时杨星星大哥陪我去。但他是老北京，又是天桥名角儿，容易被同行发现，我就一个人到处偷看。也确实长了见识、壮了胆子，可也觉得到这里担子不轻啊！这是打擂台呀，上去就要见分晓了！先用别人的长处来量量自己的短处，但知难不退，反过来用自己的长处来长长自己的胆子。

唱戏我来看看对手是谁？经过了看戏了解了是小白玉霜。我们两个是好姐妹，从小她就照顾我，我也时常伺候她，听她的话。可艺术上要知道掂分量，她的唱有功夫，动作大方，我喜欢她。

花旦戏，我的对手是喜彩莲。她是我尊敬的好演员，四十年代号称她"时代艺人"，小花旦漂亮。一出《纺棉花》那真是色艺俱全。其他几位北京的老演员也都有独到之处。杨殿珍大哥说："凤霞你在北京，要想站住脚，必须先唱好八大出戏。"对，大哥是行家，和我想到一块儿去了，评剧基础戏得唱好八大出：《马寡妇开店》《开嗙》《花为媒》《打狗劝夫》《杜十娘》《桃花庵》《王少安赶船》《卖油郎占花魁》，小戏《李三娘打水》《小借年》《小赶船》《同怀记》。评剧基础唱好，还要唱好移植戏，河北梆子移植的《王宝钏》《三娘教子》《蝴蝶杯》《茶花女》、京剧移植的《樊梨花》《锁麟囊》《红娘》《人面桃花》《红楼二尤》《凤还巢》等；文明戏移植的戏很多，有《喜字临门》《锔碗丁》《春阿氏》《卖妻恨》《张文祥刺马》《活捉南三复》《双烈女》《蒸骨三验》《莲英被害》等。

用这些经常上演的剧目打炮，是定场啊！唱戏的有惯例，演员换码头到了一处演出，像开买卖一样，向顾客、主户亮出家底拿出货来，一天三场要亮出一星期的戏来，天天不能重复，这叫作"一个演员肚囊宽"。要让内外行看了信服，艺技在身，上台有根。举这几出戏为例，实际上还有数不尽的提纲幕表戏。为了满足观众，应节戏就更多了。

戏要有好演员唱好，光杆牡丹不好看，红花还要绿叶配。我是下了决心在天桥小戏院子唱，我想唱戏的要有一种人想不到的吸引力。如果我的技艺不到家，在城里城外都不行，我的艺术有吸引力，你城里的大剧场就会要求我去。在天桥小戏院子唱戏也有好处，前后台演员职工都热情欢迎我。一进天桥就可以看到大红纸戏报写着我的名字，连天桥小摊叫卖的都宣传我是天津来的外地评剧新艺人。我打炮戏是城里三大主演的拿手戏路子——传统戏《和睦家庭》《三笑点秋香》《樊梨花》《李三娘打水》《锁麟囊》《孔雀东南飞》。这几出戏贴出去，在天桥就轰动了：这个小家伙戏码够硬啊！天桥的名角——马派名演员梁益鸣坐在台下连看三天戏。名丑叶盛章、名小生叶盛兰，听说天桥来了一个青年评剧演员，也进了剧场跟梁益鸣坐在一起看。他们是前辈，内行难打，三天打炮真是考验演员啊！我从小跑江湖，大大小小的码头到过，好角儿见过，我不怵，越是大角儿面前，我精神越抖擞。台上多乱、来的观众威风多么大，我也不怵。心里有定盘星，沉得住气，这是小时候跟堂姐姐唱戏练出来的。

果然，名声传开了。各种大演员、名家台下天天有：前辈荀慧生、老舍、赵树理、欧阳予倩、周扬等，都来看戏。天天接受表扬欢迎，前后台热闹极了。但我自己从内心还是做学徒的态度，一点不敢自满。杨星星大哥看见我对人还是不冷不热，也不讲究穿戴，说："凤霞你现在是大角了，要讲点气派。天桥是一炮打响了！"那阵子杨星星大哥非常高兴，一来是北京解放了，二来我们在天桥站住了。我们天天在开戏前加一段祝贺对唱，他穿一身白布褂蓝布裤，头上扎一个毛巾。我穿一身布衣服，红袄绿裤。我们两个腰上扎着大红绸子，边舞边唱。都是新词："解放区的天啊，人人喜欢啊！推倒压在身上的山啊！地主恶霸，你们放了鞭啊。不再受剥削了，有吃又有穿啊！跳哇唱呀，人人都喜欢啊!"这都是杨星星大哥编排的。

在天桥万盛轩,这个小班儿四梁八柱太差,这就靠人和了,席宝昆、李福安、魏荣元、王度芳、陈少航等人都是热情地说:"凤霞来北京唱戏,咱们都要不讲价钱,帮她一把。"李福安是我的大师兄、多少年的老伙伴。他当时在小白玉霜班儿是台柱子小生,这次我在天桥唱戏,照说他是著名演员要考虑影响,但他提出:"天桥是早晨开戏,下午五点散戏,我们可以来天桥赶包唱戏,捧捧凤霞师妹,不要说出去,晚上不误他们的戏就行了。"他们是小白玉霜、喜彩莲等主演,杨星星大哥是跟我合作多年的老伙伴,就等于是我的代理人,他马上提出要求。这些师兄们正式赶包,天桥早八点开戏,一直演到下午五点散戏,晚上在城里也误不了他们的戏。我演《玉堂春》,魏荣元演蓝袍,李福安演小生。有一次跟小白玉霜碰上了,她在城里中和戏院演《玉堂春》,我在天桥万盛轩演《玉堂春》。李福安连妆都不下,带上瓜皮帽向下一拉就上了电车,到了中和后台,咬口干粮就扮戏上场。但他这样赶场都得瞒着小白玉霜,因为要保护再文社的尊严。要是大伙儿知道再文社也有在天桥唱戏的演员,就给主演和全班丢了人,低了格。

王度芳是著名的文明戏演员改唱评剧的,他也在再文社。他是全才,有文化,是天津王庆坨"八大家"王家的后代。我叫他叔叔,可他要我叫他大哥:"咱戏班你捧我,我捧你,你叫我大哥,人家听着你虽小也是角儿呀。"我不好意思地对他说:"你是叔叔辈,我这样人家会骂我还没有唱红戏,就欺师灭祖了。"王度芳原来是捧我找好听的说,他有吸海洛因的瘾。我知道这事就跟他说:"为了唱好戏,您从城里赶包来天桥也真是不易,我知恩图报,我就依你叫度芳大哥,北京的演员也不了解我小时候叫您叔叔。戏班分大小,为了讨个好,真是应了这个点子。"赶包唱戏,也真是一下子把我这初来北京的小演员捧起来了,场场满座,说我戏路宽,可以天天换戏,不断出新戏。幕表、提纲戏、彩头连台本戏,一天两本,评剧是本工。这时最艰难的是李福安大师兄,他天天赶包,而且都是重头戏,如一二三四本《张文祥刺马》,他演张文祥,担心再文社发现了,可是演员一上台就瞒不住。席宝昆大哥因来的次数不多就没有被发现,福安大哥是个老实忠厚的民间艺人,我们是邻居,又在一起练功学戏,他觉得站在我这不来赶包了,是对我不利,站在小白玉霜觉得偷偷赶包也有点对不住她。最后他哪里也不去,回了天津,进了天津评剧院。

陈少舫因为妻子爱丽君在小白玉霜的再文社里,就留城里不再来天桥赶包了。魏荣元那时在跟喜彩莲三姐热恋,当然不能离开,也不来天桥赶包了。王度芳抽白面,又扎海洛因,用钱还得人伺候。我找星星大哥商量,王度芳必须戒白面,不然他的性命都要完了,再别提唱戏了,这么好的演员太可惜了。我找他谈心,说:"度芳大哥,你都快五十岁了,不能再抽了,您下个决心,我帮您戒了这口嗜好。别人都回城里,我求您别回城里,就在天桥帮我一把,住在我家,主要为了把嗜好戒了,你高兴就上场,不高兴就别上,想吃什么我就给您买,我娘给您做,不想吃就养身子,我的包银您随便用。"经过星星大哥和我的劝说,他留下住在我们院里。

王度芳一边演戏一边下决心不抽,可是戒几天又抽上了。我母亲尽心伺候他,也有人对母亲说:"这种人就是改不了,一个演员抽上就算完了。"可是我和母亲不听这些,为了一台戏,我们尽力照顾他。当王度芳正在戒烟的时候,忽然来了一个唱小生的袁某某,也有抽白面的嗜好,这一下又勾起王度芳的烟瘾。下雨阴天,他发脾气,躺在床上叫死闹活,我和母亲给他端茶送饭,百般照顾。杨星星、李凤阳也常来陪他。有人不理解我为什么迁就他,我是为了救活一个好梁柱,演好一台戏。

新中国成立了,大街上敲锣打鼓,人们个个喜笑颜开,人民翻身得解放。一九五〇年,人民政府封闭妓院,戒烟戒毒,王度芳这才真正戒了毒,跳出了苦海。他非常感激我和母亲对他的照顾。在他戒了毒品以后,我的几个戏他都担任了主要演员。如《刘巧儿》他演刘彦贵,《艺海深仇》他演阎五,《杨三姐告诉状》他演县长,《锔碗丁》他演王父王善福,这几个角色后来没有人超过他。王度芳后来也参加了中国评剧院。

刚刚从美国回来的老舍先生来天桥看戏,我遇到了老师。另外赵树理先生、欧阳予倩先生、端木蕻良先生,还有王亚平、张梦庚等同志对我帮助都很大。这时我才懂了"戏段"两个字,当时张梦庚同志是北京市文艺处副处长,王亚平是正处长。都是张梦庚陪同老舍、赵树理先生来天桥看我的戏,又介绍我认识了市妇联主席张晓梅大姐。赵树理先生给我《小二黑结婚》的剧本,王景明演小二黑,我演于小芹,杨星星演二孔明,花砚茹演三仙姑。

欧阳予倩先生、李伯钊大姐对我很支持,他们当时都是中央戏剧学院的领导。我请名导演夏淳同志来天桥看我的戏,夏淳同志看戏后,我去学院请求他为我重排《刘巧儿》。王雁同志为我们整理剧本,苏丹设计灯光,张尧等同志为我们负责舞台美术。这是张晓梅大姐给的剧本,一九五〇年经夏淳、王雁等同志帮助,剧本质量得到了提高。增添了"小桥流水""自己找婆家"唱段,还灌了唱片,发行全国。

我请了京剧男旦角赵绮霞老师为我说戏,华世香、王秀文等热情地为我排戏。当时我在天桥唱红了,城里的吉祥、中和、民主、长安、大众等大剧场,争着接我们去演出。经过镇压反革命,我们全团都提

《临江驿》中饰张翠鸾（1955年）

高了思想觉悟，剧团改革开始了，改名为"首都实验评剧团"，私营公助，集体所有制，艺术委员会由我任主任委员，杨星星、王度芳等任委员，共二十人，全团四梁八柱全都在内了。我们每天两场戏，场场满座。

经老舍先生对我的启发，杨星星和我去找张梦庚同志和王雁同志，参加我们剧团的讨论，在这个基础上根据艺人自己经历，我们很快上演了现代戏《艺海深仇》。

我们团虽然挣了大笔的钱，有了上厅的钱，但剧团仍是低薪，坚持不分红利。老舍先生向我建议，在前门处大马神庙买一套三进院子的大房。这样团址、宿舍都有了。看房、买房都是我亲自办的，现在这所房还是我们评剧院的宿舍。这得感谢老舍先生的指点哪。

那时我们又办了评剧唯一的学员班。我亲自考学生，分班级，定出行当。我担任班主任，刘姗、邢兆林、张淑桂等都是当时的优秀学生。第一堂课就是学《刘巧儿》。

这时解放军总政治部正在办评戏团，我提出全团参加，我参军可不简单哪，是肖华同志亲自批准的，我穿上军装，身挂三红。团里为我开了欢送会。

解放军评剧团刚刚成立，困难是很多的，我是团长又是主演，大伙一起干，连装台、卸台都是自己动手。解放军成立剧团全国支持，演出任务很重。但大家到底是在解放军大熔炉里锻炼，下连队、爬山过河，艰苦的生活，没有一个叫苦怕累的。演出无论角色大小，没有嫉妒，没有争论。没有排演场，就在院子里排戏；没有宿舍，大伙挤着住。一切为工作，没有一个闹思想问题的。

为了照顾到地方观众，一九五三年周总理批示我们转业回到地方，成立中国评剧院。这时喜彩莲和小白玉霜两个团已合并改名为新中华评剧团，私人成班改成私营公助，集体所有制。我们由解放军评剧团和新中华评剧团为底子，又调来各单位的干部，于一九五三年成立了中国评剧团，解放军评剧团为一团，新中华评剧团为二团。我们两个团互相帮助，艺术上展开竞赛，直到今天。

从一九四九到一九五四年，我迈出了第一步，收获是不少的，可说是一炮打响，第一步走对了。另外，闯事业，新旧社会是不同的。旧社会闯荡江湖，要善于看人眼色去对付人和事。新社会在台上台下，都要用真挚诚恳的态度。比如台上不抢戏，还要让戏、托戏、配戏、保戏，全心全意去演戏。

重要的是团结大多数人，使四梁八柱真心实意来跟我合作，比如杨星星、王度芳、李福安师兄们，直到今天还是常常来看我，多年在一起都互相帮助、鼓励，不忘解放初期天桥赶包帮我一把的情景。

我从小就受姐姐教育："求艺不求衣，好角要有好脾气，好马还得配好鞍，好鞋还得好脚穿。一台戏大伙唱，你才能挑大梁。"我对周围的人尊重，也真应了那句老话："有人缘"。

如何排戏

一九五五年中国评剧院成立，我排了一出移植成评剧的朝鲜古典戏《春香传》。这出戏也是一次大胆的创造，唱腔新创的较多："爱歌""别歌""狱中歌"，唱腔优美，板式也较复杂。舞蹈是先学朝鲜舞，再糅合进我们戏曲程式，看起来舒服自然。这出戏动员了全院艺术创作人员，贺飞、徐文华等和我一起研究音乐，要把春香坚贞不屈的性格用音乐旋律表现出来，板式很丰富。《祥林嫂》是一九四九年底初排，一九五〇年在首都实验评剧团重排。中国评剧院建院后，一九五五年胡沙同志提出要我再重排此剧，他热情地给我们排练，夜

三十岁时,摄于北京。(1955年)

里排戏他把眼都熬红了，可说是和演员共甘苦！

　　排《祥林嫂》这出戏我下的功夫不比《刘巧儿》少。记得一九四九年排完《刘巧儿》又排《艺海深仇》。都是杨星星大哥负责排练，按照提纲幕表排戏法，自己编词。有几大段唱当时很受欢迎，如《刘巧儿·巧儿我采桑叶》选段、《祥林嫂·听那人讲一遍》。这些唱段，是我先编好了，再找琴师张其祥、鼓师侯文斌一起合作成的。后经老舍、欧阳予倩等专家、学者们的指点，在一九五〇年录制了唱片。唱片立即受到全国观众的欢迎。重排《祥林嫂》，仍是我和杨星星负责。我力求把祥林嫂这个人物的发展层次表现出来，把她在社会最底层受尽苦难的一面，以及她反抗的另一面表现出来。突出反映祥林嫂能干善良、吃苦耐劳。她背柴打水，又安慰祥林时唱："满眼含泪把祥林叫，有病人不能把心操，等婆婆回家来好言相告，求婆婆发慈悲把我饶。"这段唱是半说半唱，因为是我自己编的，唱和说话一样，很能表达情绪，用一种哭音，塑造出善良、可怜的妇女形象。祥林嫂唯一的亲人——丈夫祥林死了以后，婆婆要卖她，祥林嫂逃走，这是她性格反抗的一面。我边跑边唱，大雨浇身，最后昏倒。这处理成幕外戏，可这一段唱节奏强，边哭边唱也很激情奔放，唱出此时祥林嫂的心情，这一切是前半部的高潮。祥林嫂的悲剧形象不能老是用哭腔表现，我又编了这样的唱段："听那人讲一遍心酸难忍，好似万把的钢刀扎在我的心。"这表现了祥林嫂内心的善良。又为在鲁家当仆人时唱："残冬将近，又到新年，老爷太太都喜欢……"可怜的祥林嫂在鲁家当佣工，已死去了两个丈夫，鲁四爷又逼她，要把她赶走。我提出，她的性格要发展，她终于反抗拿起斧子去劈自己的门槛。我演到她举起板斧，一个高腔站在台口亮一个相，这里是满台彩声，一出戏都是压抑沉闷的，最后彩声是看到了祥林嫂也有反抗的一面，这是物极必反的规律。《祥林嫂》又进行了第三次重排,虽然是胡沙同志导演,人物、动作都有了提高,但文学性还是不高,文字太不讲究。由此可见剧本的重要。

《祥林嫂》这出悲剧开始我不大喜欢,经过三次排练,越排我越同情这个人物,每次演出都有进步,也就一次一次下苦功夫去再创造。比如为了演好将要死亡的祥林嫂的形象,我去看一位邻居家的南方老佣人,为了学她走路抬不起脚,我腿上绑上沙袋子,一步步苦练。

这出戏一直在演,后来李忆兰同志和我的学生演,还是一字不改地演唱,因为《祥林嫂》已是保留剧目了,观众也都认可了。

遗憾的是《艺海深仇》这出当时很受欢迎的戏,在一九五五年建立评剧院后没有把它恢复重排。可是剧中一段反调唱腔还流行至今。艺术是不以人的意愿为转移的,观众也不会因某种力量扭转他的爱好,这也可以说是艺术的魅力。

堂会戏应节戏

中国戏曲和中国民族风俗等,是联系很紧密的。记得小时唱戏最热闹的是应节戏,老百姓也都有节日看戏,喜、寿日请堂会戏,丧事请鬼戏、悲戏的习惯。

春节要唱《大过新年》《合家包饺子》《财神送宝》,正月十五要唱《吃元宵》《大闹花灯》《新媳妇回娘家》。

五月端午节要唱《白蛇传》《傻宝贝吃粽子》《艾叶娘娘》。

七月七要唱《天河配》《七巧图》,七月十五要唱《盂兰圣会》《河子灯》。

八月十五中秋节要唱《嫦娥奔月》《兔奶奶送闺女》。

十月一要唱《送寒衣》《阴阳河》《黄氏女游阴》。

十二月要唱《送灶王》《糖瓜财神爷》。

一年到头每个季节都要唱应节戏。节日里,老前辈都这么说:"是唱戏的,带着钱口袋过日子。"

富家公馆有喜事,讲搭台请堂会,大都是请喜剧,如《王少安赶船》《花为媒》《凤还巢》《王二姐思夫》《和睦家庭》《喜庆傻子卖花招亲》。

寿日堂会大都唱《八仙祝寿》《大桃仙姑》《寿桃寿面盘丝洞》。

丧事唱《哭灵》《五女哭坟》《哭天嚎地》。

那时后台管事的都是经验丰富、"买卖精"式的演员，他们出节目排戏分配演员都很有道理，节日彩头戏，没有主演，能排出连台本戏，还能场场满座，每本有"扣子"，抓得住观众；出去唱堂会能够适应主家的胃口，听什么唱什么，唱完领赏钱，给的还多。

跟我多年合作的杨星星大哥，我十三岁就跟他一起演戏，他是编活词戏的天才，排连台本戏、应酬堂会都是能手，能临时编词，排幕表提纲戏。

一九四六年在天津天宝演戏，一位国民党军官给母亲做寿，请堂会，要杨星星排一出有军人的戏，他排了一场《可爱的傻兵》。这出戏是儿子当兵跟母亲告别，母亲说："好男不当兵，好铁不打钉。你当兵要打仗，可小心枪子儿打呀！要是打上你就快躲！要活着回来！"当兵的儿子对母亲说："我去当兵你可要当心身体，要是病得要死也等我回来！回来我就当官了！"

这出是喜闹剧，杨星星又高又胖，演儿子；我又矮又瘦，演白发老太太，两人一上场这个形象，观众都笑了。星星大哥先唱了一段祝寿词，很受欢迎。那时堂会看戏都是搭大棚，一个圆桌子，四面坐人，老太太们玩纸牌，小伙子们打扑克牌，老头子们搓麻将，也有吃零食的，来回走动的……

他们边玩边看戏，我和杨星星刚刚上场，观众看新鲜还不断回头看看戏，可是唱了半天了，观众根本没有反应。星星大哥有经验，唱这种活词提纲戏，要抓住观众。他演的傻兵开始逗乐，走路摇摇摆摆，可是台下观众笑一阵就低头又玩自己的了，气氛又冷下来了。他有意快提戏，忘了这是寿喜堂会，演的傻兵离娘大哭，坐在地上撒泼打滚，一把鼻涕一把泪。我是随着他的情绪，也是唱哭腔，不舍儿子走。唱的大悲调，台下的观众都回头来看戏，一片叫好声。我们正在难舍难离唱母子之情，忽然听到"啪"的一声拍桌子响，军官大怒了！说："下来！下来！你们这是来唱堂会吗？哭他妈的娘，混蛋！"

我们这场堂会戏演得让军官大发雷霆，他一分钱没给，还把我跟星星大哥连打带骂了一顿，饭也不给吃。我跟星星大哥被抓着头发扯着衣服赶出来后，星星大哥说："咱们做艺的这碗饭可不好吃呀！哪点伺候不好就闹个白费力气，还挨顿臭骂，唱戏低贱呀！"

忍

台上的唱词形容穷苦人："腹内无食，身上无衣，冻饿难当。"这句台词我是深有体会的。父亲是个本分老实的人，他不让我去二伯家学唱戏，说："鹌鹑戏子猴，瞎话带胡诌。"但我非学戏不可，加上母亲支持，我就千方百计地去二伯家跟大姐姐学戏。

那时，天寒地冻，出门冷得伸不出手哇！二伯常讲："唱戏的不能怕苦，讲究的就是冬练三九，夏练三伏，多么冷多么热也要去喊嗓子，也要去练，要想成佛先得受魔。"那是在天津去八里台子、墙子河去喊嗓子练声。我们一帮小孩也都心齐，每天清晨互相叫着，天黑乎乎就起来练。我爸爸做小买卖，每天很晚回家，我怕吵醒他，轻手轻脚地走出来。我们全家人在一个炕上睡，有一点动静就吵醒别人，一群孩子一个挨一个，我每天都是先慢慢地坐起来，披着被子穿好袜子，穿上裤、袄。那时候也没有那么多层衣服，一件棉袄，一条棉裤，绑上腿，腰上扎一个布带。太冷了再套上爸爸的半大棉袄。可得早点赶回来，爸爸得穿上它去卖货，可不敢误了。最暖和的是一条毛围巾，不知传了多少代了，黑红色伴着虾米青，很亮，磨得没有毛了。很多破洞母亲给我缝了补，补了缝，出门就连头带脖子都蒙上。手上有棉布手笼，就是棉圈，两只手交叉暖和着。手套、围巾我出门就要拿上，有一回夜里二弟撒癔症，拿我的手套当尿桶了，湿淋淋的，我也习惯拿上了就走，被风一吹冻成了冰。

寒冬腊月刮着西北风，飕飕响。从热被窝里爬起来，真要有点儿咬牙的劲头啊。我们去喊嗓子，编了一个顺口溜，边跑边唱："天津卫有三宗宝，鼓楼炮台铃铛高，顶着星星往外跑。喊嗓子，八里台子好，铃铛高有个大学校，那里不许吵。墙子河真是妙，地上冻冰滑着跑，天上雪花飘，冻手又冻脚。快快快，跑跑跑，这里冰不少。咿咿咿，呀呀呀，喊嗓子空气好。看谁起得早，穿上棉裤大棉袄，冻得受不了。手拉手一起跑，不许吵，不许闹，长大唱戏成个角儿。听戏的大爷齐叫好，又露脸，又挣钱票，爸爸妈妈拍手笑。吃炖鸡，羊肉包，满嘴流油吃个饱。大米白面加小枣，夏天能吃上绿豆糕。快快快，走走走，加上劲，跑跑跑，起早喊嗓身体好。"

一群孩子边跑边唱，欢快热闹，慢慢也就不觉得冷了。这些年来不那么冷了，记得我小时候，北方的冬天真冷啊！地好像都要冻裂了，真是冷得上牙打下牙，西北风刮在脸上如刀子割，耳朵都冻木了，大人说："别碰，一碰耳朵会掉下来的。"

因为有一股劲：唱戏挣钱养家。我是老大，要挑起养家的担子，再苦也要忍着。

冬天屋里生煤球炉子，我最喜欢吃在炉子边上烤的窝头。早上穿好衣服，就在炉子边上拿个昨晚烤着的热窝窝头，一边吃着又脆又香的窝头，一边去喊嗓子。吃的时候痛快，日子长了上火，嘴角长了泡，好疼啊！泡破了再加上一冻，裂得流血，张嘴唱更疼了。这样我也照样天天喊嗓子练唱，一天也不休息。还长冻疮，手上、脚上、耳朵边、嘴角都冻得青紫长泡，又痒，抓破后成了冻疮，这样也没有挡住我练功喊嗓子。

　　有一次，嘴上的泡旧的好了，新的又生出来。大伯母说："小凤你喝口凉水下下火。"我拿起水舀从水缸里舀一舀子凉水，咕咚咕咚一仰脖子喝个痛快。吃了烤窝头又喝凉水，想不到肚子坏了，像开了锅，咕噜咕噜闹了半天，紧跟着就不住地跑厕所，一夜跑了个没数，人一点劲儿都没有了。第二天天还没亮，照样又轻手轻脚地起来去喊嗓子，跑着跑着差点就要趴下，我咬牙坚持住。由于身子太软，倒立两手扶地，脚翻在墙上，我的腰掌握不住，向下溜。姐姐看见了，"啪啪"地用刀批子打了我几下，这是助力剂呀！我立即上去了。我这人从小就有股子忍劲。

　　为了唱好戏，吃苦受罪我自己觉着应该。戏班有句话："要想人前显贵，就得背后受罪。"要想学好本事长能耐，就得有点忍劲儿。演员为了上台唱好戏，也要刻苦练习，有点不怕苦、上台不认父的精神头儿。人就是"有享不了的福，没有受不了的罪"。

勤

农民讲"人勤地能饱",演员讲"人勤功夫好,台上戏不少"。小时候为了长大当个演员,我刻苦练功学戏。那时候讲究"要想学戏先学受罪,不会受罪一句学不会",我先学会了能忍能受。为了一家人的温饱,挣钱是目的也是压力。由于有这个大压力,我从小练功学戏格外认真,那真是随时想着戏词背着唱腔,睁开眼就练功,一天三遍,一点不放松——上午一遍,下午戏散了场一遍,散夜戏借着月光在街上再练一遍。我习惯于听见响声就想着节奏,走路抬脚想着上台如何走好台步,手一动想着台上的兰花指,起身行动都要想着观众看清了吗、出场如何亮相、眼神如何闪光、怎样酝酿情绪、动作如何娴熟、姿势怎样好看、怎样唱得叫最后一排观众都听清了,脑子随时都想着这些。

十一二岁了,能唱几句了,勤学练声咬字。开始就知道先练好唱,对白一学就会,因此不重视。姐姐发现我唱的比念的好,她教育我说:"千斤白话四两唱,念好白话比唱还重要。"我知道了念白话的重要性,就一字一句地念,早起一个小时到河边练声时,先练念白,这样

第二部分 本色见才华 / 143

《杨三姐告状》剧照

我逐渐练出了念白的功夫。有时嘴边练得裂开血口子，嘴唇都染红了，自己却不知道疼。

能唱一出戏了，竞争就更强了。一帮小孩儿都是随师父的、跟着父母叔伯亲戚的，互相心里较着劲，比着看谁能超过谁。大伙都在心里长牙，求长进，你不行就有几个顶上去。上场唱戏讲"要下彩来有饭吃，要不下彩来有打挨"。唱不好不等长辈说话，自己就把打人的刀批子取来，双手递给老师请打。这是当学生的规矩，也是讨老师喜欢的诚心态度。

我小时候跟着姐姐唱戏，挨打最多。越怕越出事故，出了事故忘了词、走错了位是常事，这时候我就拿起刀批子请打。有一回我演小孩儿，念了一段白话，台下立即响起了彩声，我心里轰地一下子蒙了。下了场脱了服装，就赶快取来刀批子双手递给姐姐，躬身请打。姐姐哈哈大笑说："看看我把小凤打糊涂了，她明明是念好了这段白话，台下也有强烈的彩声，她倒让我打她。那我就打她两下，因为她连自己是好是坏都不知道，失去了自信。自己唱戏、看人家的戏，心里都要有杆秤，知道哪是好哪是坏，这才能有长进。晕头转向就知挨打，那是没有出息！"说完就狠狠打了我。

十四五岁，唱上主演了。那是旧社会，同行是冤家，讲门户行帮关系，姐姐离开了我们出了关，就靠我一人随着母亲闯荡江湖，流浪唱戏。那可真难啊！俗话说搭班如投胎，人生地不熟，进了班就唱戏。多少只眼睛看着，你值多少钱、有多大功夫都得叫人家掂量啊！还得有点肚量，听得进那些带刺的话。唱好演好，顶得过当地土生土长的主演，抬手动脚张嘴一唱，得叫人家心服了你。互相比呀，比扮相，大相片挂在戏院子门前。比会的戏码，你会多少，人家先贴出来了。能唱了就有了真功夫，心里就有了底。比艺不比衣，在旧社会，谁都

评剧《阮文追》剧照

知道我一件蓝布袍白天穿晚上洗。我到处唱戏各处搭班，从不比排场穿戴，而是比唱戏、比上台。常是初到一个台口，开始唱戏时观众不多，但唱开了观众越来越多。前辈说："唱戏的用嘴去宣传，超过财主小报花大钱。"

我是一心想着戏，随时练功，坚持背戏。我看戏，偷学戏，演完了我再仔细地揣摩戏，哪里好，哪里差，哪里还得用功练。因为唱主角了，戏班的财主老板挣钱少了，马上就让你走。散了班各投门路，到这般田地，举目无亲、流落他乡，那才惨哪！

我的道路是坎坷不平的，对我来说，最大的安慰是争取条件多排戏，抓住机会，团结合作者。演员乐队、各部门演职员对我都同情。我再苦再累，演出、劳动再多，我也坚持勤练功。同志们都说我勤快，我心想，勤是我从小养成的，勤学苦练是我的根本。我要练好拿不走、骂不掉的真本事。

"勤"字总跟着我。

王殿玉

我小时候什么都爱学,什么都爱听。记得一九四二年天津南市燕乐戏院演出曲艺什样杂口,其中有一位演员演奏了一种很少听过的调子。另外他还能表演京剧、评剧、河北梆子,连街上的吆喝声也能拉出来,这是一种什么艺术呢?我喜欢听。

这位演员叫王殿玉,有四五十岁了。他秃头,双目失明,喜欢穿中式衣服,很朴素。手上只有一把乐器的这位民间艺人,两只手在乐器上又拉又上下压弹。各个剧种、不同流派的唱腔、文武场面,连当时的流行歌曲都能表现出来。

那时我在聚华唱戏,每天到燕乐赶场。我抓紧时间早去,为了去听王殿玉的大擂拉戏。我从心里佩服他,总想和他说说话,可他双目失明看不见我,有一天我在门帘边上听完他拉琴,他下场时我到他身边叫他一声"王大爷",他高兴地答应了。他虽然看不见我,但他知道我叫小凤,是学评剧的。他夸我嗓音好听,说我咬字准是因为牙齿长得齐整。

王殿玉大爷跟我师父张福堂是朋友。王大爷对我特好,我师父嘱托王大爷有空听听我吊嗓子。王大爷认真地听。我想王大爷用手能拉出这么多戏来,值得我向他学习。我跟王大爷说:"您给我听听。"我有意地学他拉出来的唱,却没有吐字。王大爷说:"你可要唱出来,要讲究字正腔圆。我是拉你是唱,要把每个字唱好才行。"

有一次王大爷听见我师父给我吊嗓子。师父打梆,师大爷拉弦。听着听着王大爷慢慢地朝我走来,他感觉我吊嗓子不对,说:"小凤吊嗓子我听着有点不行。"师父没理会,我可记住了。

我从小学戏吊嗓子,都是规规矩矩地站在那里,一动不动的。王大爷听完我唱,问我师父:"小凤吊嗓子的时候是什么样子?"师父说:"小凤这孩子是很老实的,站在那规规矩矩一动不动,立正姿势,她不敢放松呀。"接着我又调了一段唱,要求王大爷指点。我更是不敢动,立正站着。王大爷摇着手说:"不行,这样吊嗓子可做不出戏来,我听出来了,她站在那里僵着嗓子、紧着喉咙唱了,唱的是什么人,讲的是什么事,我都听不出来。我是拉的你是唱的,都是从心里出来的,我要拉出情来,你要唱出绪来,僵硬的嗓子不行。要拉出情来,唱出意来,让观众一听就明白才行。你要多听别人唱,刘宝全是鼓界大王,他吊嗓子、伸胳膊、踢腿,都随着情绪。"

我从王大爷的指点中得到了一个启发:要有字、有音,还得有情,要音断情不断。

那时我天天听书,我最喜欢马宝山的奉天大鼓、刘文斌的京东大鼓。他们说书我是每天必听,他们从声音中创造生动的人物形象,内心情感很丰富。有的人说"三不管"的席棚子里有说书艺人,为了学习,我跑到"三不管"看他们表演。一个男人手里只拿着一个鼓槌子,表演丫鬟、小姐、英雄少年,形象很鲜明。那时听书的人都是男人,我一个女孩进了场很不好受。那时的书场听书的大都是劳动人民,穿着短裤衩，光着脚，最突出的是光着背，肩上披着一条湿毛巾。只有我这么一个女孩在里边听书，很多人都看着奇怪。但我去过这一次，可学到了前辈艺人演唱的技巧，他们传情好，咬字好。我看过这一回，再从耳机中听他们唱，印象就深刻了。

王殿玉大爷告诉我，吊嗓子是演员很重要的练习。吊嗓子也有几种方法。一种是站在那里一动不动，面朝师父。这样也有好处，师父能看出徒弟演唱有无毛病，口型对不对。另一种是有经验的演员吊嗓子，如刘宝全。他每天四点钟起床，散步，呼吸新鲜空气，回来喝过茶，七点钟开始吊嗓子。他吊嗓子有独特的方法，先低后高，从低调调起，等把嗓子调开了再调大段。他在调嗓时，伸动筋骨，胳膊做动作，踢腿摇身，扭动腰段，活动四肢，要让全身肌肉松弛。刘宝全这个经验是很好的。他在台上唱大鼓只用一把鼓楗子，就能做出很多动作，而且无论演小姑娘、大将，表现的人物都活灵活现。他不单唱功上好，在动作上也是非常讲究。

我听了王大爷的话，很有启发，吊嗓子时要进入人物、情境，要练身段，使肌肉松弛，用情绪演唱人物，达到声情并茂的效果。

很多好演员能够边舞边唱，从声音中听出情绪的变化，传达出人物心情，咬字行腔松弛而不僵硬。我后来吊嗓子，一直保持做动作练习的习惯，这对我后来的演唱很有帮助。

前辈艺人的指点，对我事业成功帮助很大，至今我忘不了他们。

忘　词

唱戏忘词是最可恨的,我是从小唱戏,姐姐打我打得最狠,因此留下了一个毛病,越紧张害怕,就越忘词,这个毛病真痛苦极了!

记得小时演《三娘教子》中的小孩儿薛倚,三娘唱完,薛倚上场。因为我头上长了虱子,管帽箱的师傅不许我带孩儿发,我演小孩儿不许带孩儿发怎么行呢?我硬带上了而且还说:"瞧着吧,等我长能耐,你得求着给我穿、求着给我带。"这话被他告诉了我姐姐,姐姐狠狠打了我一顿,一推我,我该上场了,一出台就忘了词。应当唱:"有薛倚在学中懒把书念,怀抱着圣贤书转回家园。众学友交头接耳说长短,都说我无亲娘好不惨然。因此要回家去与母分辩,又只见老薛保站立在门前。"

因挨打心里不服,一出场我就慌了,心里慌乱,张嘴一唱:"有薛保回家来我把书念……"薛保是老生,我把名字唱错了,台下直起哄,下边该唱了怎么办?我张嘴唱:"心里难过向右转",台下哈哈大笑,连声倒彩。在台上忘了词简直像鬼打墙,我刚要张嘴唱,台下又喊倒彩,演薛保的是个有经验的老演员,他赶快替我解围念白:"少爷人回来了?"他一念白我就有缓和余地了,可是我眼前发黑,心里没有词了！但是得唱啊："走进机房问声娘安"，台下倒好一个接一个，我心里不知如何是好，演薛保的老师赶快拉着我的手，接着做戏进门见三娘，他一拉我，可救了我的命啊！

演青衣三娘的是个好演员，平时我叫她师姑，由于她总是对我严肃冷脸，我害怕她，这一怕又紧张了，下边的戏又都忘了，有段重要的白话我又说乱了，三娘取家法要打薛倚。薛保教他说："母亲要打孩儿，高高举起轻轻落下，打儿一下如同十下，打儿十下如同百下，打在儿身痛在娘心，娘啊，娘啊，你老可忍心哪……"戏中薛倚应当跪下，可是我心里害怕，想跪又不敢，眼看着青衣三娘，这位主演她两眼盯着我也无表情，演薛保的老师用手一按我的肩让我跪下了，这是要念薛保教的那段白话了。哎呀！真疼啊！原来我的膝盖因摔破了流血结了痂，这一用力跪正好压住伤处，疼得出了一身汗，台上演员是不许出戏的，我就开始念那段白话了："娘啊！娘啊！轻轻举起，高高落下，打儿十下如同一下，打儿十下如同百下，一下百下，反正是打吧……打在娘身一如同儿心……"台下又喊倒彩了，"嗵……嗵……好……"这回我可吓坏了，马马虎虎把我这场戏演下来了，可是戏已被我搅了。下了场，我姐姐和后台管事的老板呼啦一下子都围过来了。先是姐姐劈头盖脸打我说："你真该死！还向右转，你怎么不开步走呢？真可气，非打死你不可！"不知是谁给我把头上的孩儿发也拿下来了，服装也给我扒下来了，七手八脚把我按在一条板凳上，姐姐拿起刀批子，狠狠地打了我一顿。打个半死，我忘词的毛病也没有改，后来只要一紧张还是忘词，越打越忘词。这种惩罚对我一点儿用也没有，到多年后还是照样。

演员在台上，精神十分紧张，在已经很紧张的情况下再加上压力，忘词就是常见的了。但后来我发现，在紧张中要保持冷静、唱错的词做到随机应变处理，这方法比一忘词就挨打有效。

现在可觉得轻松一点了，因为不上台唱戏了。

为评剧增添新唱段

评剧这一剧种年轻，只有七八十年的历史。我从唱评剧那天开始就感到评剧的板式、曲牌、唱腔太少，想为她增添新的曲牌、板式，丰富唱腔。在旧社会像我这样的小演员，是无法实现自己想法的。那时，当我在唱时有意识地甩掉那种大口落子、拔高音、冒尖声、拉长腔的方法时，就曾受到很多欺压。比如我唱一个小花腔，被打鼓佬摔掉鼓槌子不打了，拉板胡的琴师放下板胡不给拉了。那个时候不允许有一点创造、一点新的唱法，还说："新凤霞是小胡天、小磨气儿，外国货不是评剧的事儿！"老先生看不起我，女主角咒骂我，但观众是认可的、喜欢的。那时一个小演员唱小花腔满堂彩声，是很不容易的。要是主角因为这不干了，财主老板就得把我辞掉。我这人还有个脾气，你这里辞退了我，我上哪里去也不改变我的主张、我的演唱想法。

一九四九年，我按我的唱法排了《刘巧儿》，一九五〇年，《刘巧儿》小桥送线"自己找婆家"和《祥林嫂》"嫁一个老实人也好安身"、《艺海深仇》"不自由宁一死我也安心"，三出戏的主要唱段都灌了唱片，立刻受到广大观众的欢迎。"自己找婆家"是把东北大秧

新凤霞与魏喜奎合影

一九六四年,与赵丽蓉于北京北海合影。

歌喇叭调融合到评剧中的,改成了双板打法,活泼跳动,表现巧儿愉快的心情。

一九五六年开始准备排《杨三姐告状》,一九五七年我三访滦县,去看杨三姐杨国华,还见到了当年的警长。《杨三姐》整个唱腔是在传统基础上新创造的。加了一段"见厅长"的〔二六板〕,这是新的唱法。一九五八年后,我开始在每个戏中创造新板式、新曲牌。我在《三看御妹》中创造了〔降香调〕。《调风月》中创造了〔蜻蜓调〕。《乾坤带》中创造了〔凡字大慢板〕。《无双传》中创造了〔反调大慢板〕〔滚板〕。《金沙江畔》中创造了〔格登调〕〔带板二六〕等。《花为媒》中创造了〔玫瑰调〕〔太平调〕等。

以上这些板式、曲牌普及了,在全国各评剧团经常应用。创造新板式首先是在剧本背景、人物、剧情吃透以后,再进行音乐创造,设计好板式,将选好的曲材融进评剧板式唱法中,才能使人物有深度。

我演《坐楼杀惜》

我们评剧移植京剧老大哥的剧目很多。评剧《坐楼杀惜》就是从京剧移植过来的。这出戏是前辈著名演员白玉霜、单宝峰开始首演的。

单宝峰在演京剧时学演麒派老生,因此他有几出麒派老生戏。《赵五娘》他演张大公,《临江驿》他演崔文远,《坐楼杀惜》他演宋江,这都是单宝峰的拿手戏。真是那句话,"好演员台上一站满台是戏。就是当中站着的好材料!不是好材料的演员硬捧上当主角,站在台上也是活受罪。"

白玉霜在三十年代去世,这出戏就很少有人演了。单宝峰老先生对我说过,大白玉霜死后,小白玉霜挑班,曾给小白玉霜排过这出戏,但小白玉霜不大喜欢演这一出戏。后来单宝峰来我家,说要跟我排《坐楼杀惜》,演员唱戏也讲天时、地利、人和。我就借了这个机会,进了法租界中央大戏院。这个班阵容很强,都是评剧著名演员,三花脸王度芳,老生郑伯、单宝峰,小生李福安,彩旦碧月珠、小玉珠都在这个班里。

单宝峰演戏,非常严格。与他合演,一出戏、一个动作、一个眼神、一句唱、一句白话都得仔细跟他对,他都讲究严丝合缝,齐全,完整。我很怕他,也很尊敬他。他高兴地说,我是块成角的好坯子,基本功好,又听话又规矩,能刻苦练习。

演《坐楼杀惜》时我才十几岁。上场的一段,马二娘看宋江来了,她骗女儿阎惜姣说:"三郎来了!"惜姣在下场门后台搭架子:"叫三郎楼下等候,待我梳妆打扮下楼迎请……"唱〔小南板〕上场:

    红日升高上粉墙
    朱唇金绢下牙床
    母亲楼下高声嚷
    梳妆打扮迎三郎
    欢天喜地将他抱
    呸……
    不是三郎是宋江
    哎哟!叫人真窝囊

这段唱就把阎惜姣的人物内心活动唱出来啦。单宝峰是我尊敬的长辈,他让我演到"将他抱"这一句台词,伸出水袖向他肩上一搭,一看两看,摇头咂着嘴,失望地抽回水袖,转身出一口长气:"哎哟……"噘着嘴唱:"叫人真窝囊!"他是年长的老前辈,我是个刚出马的小演员,这场戏真是不好演啊!但我都照做了。果然,与观众头一个见面,台下就有了效果。

单宝峰要我演这个角色必须绑上跷。虽是软跷,他说这点就和白玉霜演这个角色不同,绑上跷也长了个子,因我太矮了。

戏的矛盾就是宋江把招文袋内晁盖给他的信丢了,被阎惜姣拾去。

十六岁,在《坐楼杀惜》中饰阎惜姣。

宋江要信，阎惜姣不给，这就产生了戏剧矛盾。有三个动作，要求做得准确，演出阎惜姣狠、刁、阴、奸的性格特征。有软有硬，白话要念出性格，眼神、形体都要求做得性格化。

阎惜姣偷去了宋江的招文袋，看见梁山晁盖的信，暗下决心，咬牙奸笑，宋江丢信变颜变色，神情慌张。阎惜姣逼宋江写休书，宋江不肯写，阎惜姣先是横眉竖目，看宋江坚决不写，马上变得懒懒散散，软绵绵地甩着双手，假意一拜，对宋江说："我跟您告辞了……"宋江忙问："哪里去？"阎惜姣松软着两臂，前后甩着手冷笑说："我妈房中睡觉去……"说完两手抱着肩，歪着头，斜着眼，口气软中透硬，眼神带着问号。她叫宋江写休书，宋江勉强答应了，可阎惜姣说："我念你写！休妻……"宋江说："休妾！""休妾！""休妾！"……就这样一番两番的，一妻一妾，都要念得狠，接得快。阎惜姣念到"立休书人宋公明休妻阎惜姣，任凭改嫁张文远……"念的时候，双手做着咬手指的动作，摇着头显出美滋滋、得意忘形的样子。写完念罢，她还要宋江打上手模足印，宋江不肯，阎逼近念："你给我打，你给我打，你给我……打！"大转身绕过椅子，一手扶住椅背，一手指宋江。纵身跳起来，一屁股斜坐在椅子上，一手叉腰，一手指向宋江，一条腿折起，一条腿伸出高跷。

我和单宝峰演这场戏，可以说配合得严丝合缝，我走三个动作，单宝峰也有三个亮相，捋胡子、双转身、甩袖扶桌。这场戏要求念白干净利落，眼神、手势都非常严格，节奏要鲜明。

这场戏台口竖一个堂桌子，两边两把椅子，宋江和阎惜姣一边坐一个，宋江唱："拿起光刀将她杀……一日夫妻百日情……"阎唱："我这里双手将他搂抱……想起张三动我心……"都表现出内心的矛盾。走动作都要配合好锣鼓点子。宋江打上手模足印后放在桌上，阎惜姣伸手就抢，但已被宋江抢去，这时有一个动作双手扶着桌子仰着脸看着宋江，稍有停顿，说："好，跟您告辞了……"宋："哪里去？""我妈房中睡觉去。"阎回答说。宋江狠狠地抓住阎，咬牙切齿，抓着阎"推磨"，手从靴子筒里拔刀。

对于我的戏，单宝峰师大爷很满意，动作准确，情绪也很好，连财主老板都说："凤霞这么小能演成这样不错了。"有一次我砸了锅出了错，那是在天津河东天宝大戏院，这地方离河东地道外很近。地道外流氓很多，不知哪一点得罪了他们，正是三个动作亮相的时候，台下怪声叫好，骂单宝峰老混蛋，骂我小娘们儿！忽然向台上扔豆子，哗啦哗啦的，什么黄豆小豆各种杂豆都有。正是我跳起来坐椅子时，这些杂豆像雨点子似的向我脸上、头上砸来，我心里一慌，坐定了又从椅子上滑下来，坐在台上，足足地蹾了我一下子，单宝峰一愣，我"噌"地站起来对准单宝峰念："你给我打，你给我打！"又重新叫起锣鼓点子。由于我做得猛，动作大，眼神足，台下一点都没乱，观众都被我抓住了注意力。单宝峰是有经验的老演员，他也马上随着我，把戏的基调提上去了，戏照样进行。观众还认为这从椅子上滑下是戏中应有的了。

下场后我心里乱跳，向单宝峰师大爷说："我出了戏。"单宝峰没有责备我，反而面带笑容对我说："唱戏的出点差错不新鲜，唱戏的台上天天走，难保把子出不了手。但要紧的是能随机应变，出了错能够补上，这是能耐啊。"

这场戏出过这回差错，后来我每次演都担心，怕再出错。宋江写完休书，阎惜姣看念："立休书人宋公明……"宋江忍无可忍，抓住她，气得牙咬山响，阎惜姣这时吓得双手发抖，直打哆嗦："你……你要骂我……"我因太紧张了，说成是："你……你要嫁我吗？"单宝峰凶狠地抓住我发狠地说："嗯……"阎惜姣应当说："你打你……你打我吗？"可我说成："你……两儿我吗？"宋江拔出刀来，单宝峰狠劲地一扔我。这时有一个扑虎，阎惜姣大声喊叫："哎哟！我的妈呀！妈呀！……"宋江把阎惜姣杀死，从阎惜姣的怀里找出招文袋，撕碎了休书，跺脚下楼。这时，单宝峰也真生气了，狠狠地向我身上踢了一脚，做了一个动作下楼去了。我被他这一脚踢得好痛啊！可心里很服他，因为观众一点不知道我是说错了词。

那时都是当天开份拿包银，我每天都贴他钱，可这天单宝峰不收我贴他的那份钱，他对着我的脸用手指着："你就这么一点点火候，以后你还怎么演戏呀？好爷们儿，你得长本事！你长了本事，身上有了能耐，台下扔了炸弹也不能慌乱。"师傅说情，单宝峰师大爷总算把我给他的贴钱收下了。可是财主老板扣了我的钱，因我念错了台词。春节时候单宝峰师大爷送我一盒红绒花，说："这算给小角儿图个吉利吧。"

离开单宝峰师大爷后，阎惜姣这个角色我再也没有演过，可给我后来演戏打下了基础，遇事不能慌乱。评剧《坐楼杀惜》除了单宝峰，我还没看见过有人演得超过他。现在这出戏也没人演了，单宝峰的演戏态度是值得后人学习的。

我演《刘巧儿》

评剧演现代戏历来就有传统，特别是解放初期，评剧演了大量的"解放"戏。那时，最使我感觉新鲜的是秧歌剧。除了大型新歌剧《白毛女》《血泪仇》等之外，《王大嫂赶集》《光荣灯》《好军属》《夫妻识字》《十二把镰刀》《兄妹开荒》等，我都很喜欢。由于评剧年轻，表现形式简便，很快各评剧团都排了这些小型秧歌剧。一九四九年天津解放，在秧歌剧演员同志的帮助下，我立即在当时的东马路国民戏院排演了《白毛女》。我演过黄母，演过大婶，还演过白毛女喜儿。

一九四九年我由唐山来到北京，迎接新中国成立，打腰鼓、扭秧歌，那种翻身解放的愉快心情，真是无法形容。那时，我们在妇女讲习班听邓颖超、蔡畅、张晓梅等大姐给我们上课时，听过妇女解放的故事，解放区劳动妇女的新人新事使我们感到很新鲜。

评剧在旧社会演的内容大都是家庭悲剧，无非是妇女受压迫、儿女情长、因果报应等类型的剧目。虽然很少宫廷袍带戏，但还是有不少封建落后的东西，例如受了压迫只知道认命等。加上我没有文化，水平很低。当时听了大姐们的讲课，思想很开窍，懂得了很多道理。

在旧社会我们妇女深受封建压迫，我从小在台上演了不少这样受害的可怜妇女形象，我也在生活中看到很多人受害。推倒了三座大山，妇女真正解放了，我在天津、唐山排演了《兄妹开荒》《白毛女》《血泪仇》等戏，观众非常欢迎，观众和我们演员一样，都是如饥似渴地接受新社会的教育。

一九四九年在新歌剧的影响下，我很想演一个解放区新型妇女形象。北京市妇联主席张晓梅大姐，介绍给我一个说书的本子，是韩起祥、袁静合写的《刘巧团圆》。

当时我们的剧团在天桥演出。刚刚解放的天桥还是被人看不起的，说是"下九流"才去的地方，那里还都是简陋的小土房子，没有楼房。戏园子很多，但都矮小破旧。还有外号叫"皇上""阎王"的恶霸。我们剧团在一个叫万盛轩的小戏院演出，团里还有恶霸班主，我们演员还受着剥削。

那时没有专门作家给我们写剧本，也没有导演为我们排戏，都是习惯演"提纲戏"，也叫"幕表戏"。就是每个演员根据提纲的分场内容，上场后自己编台词编唱段。这种提纲戏大都是连台本戏，上场后有经验的演员即兴表演、借题发挥，可长可短。连演几十场都只靠提纲演戏，没有剧本。

最早排《刘巧儿》就是根据说书本子，写出一个提纲来，也就是一个幕表，没有编剧、导演，就由老演员杨星星负责提纲的分场和分配角色。唱词都是各人自编自唱，我演的刘巧儿的唱都是自己编的。我们虽是没有读过书的民间艺人，但在多年舞台实践当中锻炼出一种自己编唱词的本领，这也是生活逼出来的。为了招徕观众，经常要编排新戏。戏的内容知道了，提纲幕表给分了场，上场自己编白话、编唱词。演员们在长期合作中都互相了解彼此演唱的习惯和方法，也锻炼得能够配合默契。乐队也都了解每个演员，演员一抬手，乐队就知道叫什么锣鼓点子，一张嘴就知道唱什么曲牌。

《刘巧儿》就是在这样的基础上排出来的。但无论是现代或古代题材的提纲戏，都必须做到一点：一定要给剧中主人公安排重点的唱、做、念、打的场子，也就是一定要有主要角色的重头戏。这样才能压得住台，要不然，观众头一个就不答应。

最初演出时，巧儿身穿红裤、绿袄，脚穿一双花鞋，腿上扎着黑腿带子，小碎步上场，小锣穗配着，行着弦，手里端着一笸箩白线；走到炕边，放下线，一条腿先跪在炕沿上，另一条腿爬上去，双腿跪好，双手扶在炕上，双脚磕打鞋，表示鞋底子有泥土。每次磕打鞋的动作都有很强烈的效果，这是农村妇女上炕不脱鞋的典型动作。巧儿磕打完鞋，盘腿坐在炕中间开始纺线。接着父亲刘彦贵上，喝了酒，醉醺醺的。巧儿看见父亲，赶快跳下炕去唱了一段，内容是要求父亲退亲，节奏很快，是〔楼上楼跺子板〕，以表现巧儿精明能干。

"小桥流水"是巧儿小锣穗上场，唱〔原板〕转〔二六板〕，看见王寿昌，巧儿受侮辱，两人有一段厮打，唱〔哭板悲调〕。然后一气跑到柱儿家，就和柱儿同居了。

"桑园"一场原来很简单，只是巧儿见到专员，哭诉她的遭遇，唱〔二六板〕转〔快板〕，用较快的节奏突出巧儿的勇敢，那时她已经和柱儿在一起生活，还生了一个男孩子。这一场也不是重点场，不过十分钟就结束了。

这是一九四九年排演《刘巧儿》的情形，那是最原始的排练。一九五〇年初北京市文化局文艺处处长张梦庚同志看了《刘巧儿》，觉得这个戏的基础不错，建议我们加工整理。

我们请了新文艺工作者王雁同志担任剧本整理,夏淳同志担任导演;服装、美工等各方面都经过设计,也有了布景,再不是台上搭着一块铺板了。《刘巧儿》这时才进行了正规的排练。

这次合作最好的是王雁、夏淳同志,他们综合了演员和乐队的意见,鼓励大家出主意,集中了集体的智慧。剧名原来叫《刘巧团圆》和原著书名一样,这次重排就叫《刘巧儿》。

在导演领导之下,经过剧本分析,研究时代背景和人物相互关系,这时我们才懂得了主题思想、要宣传什么、要达到什么社会效果。巧儿第一次和观众见面,不是巧儿跑上场了。幕一拉开是窑洞正中巧儿正在炕上纺线,纺车随着弦乐声转着,灯光从纺车移到巧儿脸上,这时巧儿正好抬头,一下子小锣声突出年轻聪明、朴实勤快的巧儿正在劳动,使观众看清楚了这个边区姑娘的模样。陕北窑洞的白粉墙、窗格子、白窗纸和红窗花,衬托着巧儿姑娘盘腿纺线,一派新农村的新鲜景象。巧儿抬起头来,灯光已打足了,照亮了全身。唱:"刘巧儿我生来手儿勤,织布纺线都认真……"要唱得清脆明快,由高到低,小腔玲珑,柔和舒展,唱出自己的心事。解放初期人们都很向往延安的生活,因此在舞台上看见延安的姑娘坐在窑洞炕上纺线,都非常兴奋。每次幕一拉开,灯光一亮,就是满场彩声。

"小桥流水"改动较大,原来巧儿和地主王寿昌见面有一个动作,王寿昌踢了巧儿一脚,巧儿坐在地上,这次去掉了。导演提出在送线路上应当有一段唱渲染巧儿偷偷爱上了劳动模范。这段唱要点出男耕女织,爱情是建立在劳动的基础上的。在唱词和曲牌的运用上我们都做了认真的研究考虑。唱词表明巧儿边走边想自己偷偷爱上了的劳动模范……看见什么都愉快,一路上打鸟、摘花、听青蛙叫。在音乐方面我们采用了传统戏《老妈上京》的〔喇叭牌子〕,在节奏上面变了

《刘巧儿》剧照

三眼一板的打法,去掉了大梆子敲打,用两个念佛用的木鱼,改成节奏短促、欢乐的双板打法;跳动愉快,配上了小锣声,表达出巧儿喜悦的情绪,边走边唱,天真活泼。随着过门,巧儿梳着一根大辫子,扎着红辫子根;粉红上衣、浅蓝裤子,左手挎着一个装着线的小竹篮子,右手拿着一绺线,摇着线穗走出来。这场的台步不走小碎步和脚尖找脚跟的圆场小步,也不是生活里的大迈步,而是双脚平走,随着节奏两边摇动,走得轻快好看。左手的小篮,右手的线绺上下配合;耍线绺子是古装戏耍辫子穗动作的发展;唱着,耍着,舞着,越走越快;加上听见鸟叫,取石打鸟;听见青蛙叫声,跳步,云手,云步,搓步,河边摘花翻身,对着河水戴花都在音乐中间,在唱段的过门中间,非常有节奏感,很轻松欢快。

"巧儿我自幼儿许配赵家,我和柱儿不认识怎能嫁他?我叫我的爹跟他把亲退,这一回我可要自己找婆家……"这几句唱配合着节奏,甩线,随着一个转身上步,唱:"上一次劳模会上我爱上人一个,他的名字叫赵振华,都选他做模范,人人都把他夸。从那天看见他,我心里就放不下,因此上我偷偷地就爱上了他……"耍一个线花,侧身一闪,从胸前甩到左边,向右转,退步走个小圆场,唱一段跺句:"但愿这个年轻人他也把我爱,过了门他劳动,我生产,又织布,纺棉花,我们学文化……"耍线花,走垫步,转身半蹲卧鱼在台当中亮相。这一场充分表现了巧儿的喜悦心情,把戏推向高潮。接着听见鸟叫,巧儿一扭头,甩一下辫子,跳步抓石打鸟;"哇哇……"青蛙叫,巧儿止步细听,左边听,右边听,对称动作。看见青蛙和河边的红花,巧儿拍手唱:"河边的绿草配着大红花呀!"顺手摘花,对着河边的水影戴花,把花戴好,脚下一滑,差一点把她滑跌下去,右脚倒过去翻了一个身,站定了想想觉得自己可笑。有点怕羞,怕被人看见,赶快一个躲闪的动作,把落在胸前的辫子向后背一扔。这一连串的动作,都要做得熟练自如,干净准确,情绪饱满,还要富有生活气息。

这个戴花翻身的动作,开始我总是做得生硬,后来真的在河边体验了一下生活,有了生活的根据就真实自然了。主要是在河边戴花探身照水里的人影,滑了脚,赶快倒脚撑住了身体,借倒脚翻个身才站稳了。动作合理了就有了内容,在台上做出来就可信了。台上的一举一动,最需要的是有生活根据。

巧儿在河边戴上一朵小红花,想着心爱的人,有点怕羞,笑了。为了这一笑,我练习了上百次,自己反复地对着镜子笑,要笑得天真可爱,表现一个农村女孩子偷偷地爱上了一个劳动模范,一个人在这个很幽静的环境中想着爱人的心情,是又喜悦又怕羞的笑。不能笑得过火,不能一出场就笑,在笑的时候先要有预备动作,巧儿戴上花,随着音乐过门,一扭身,要笑得自然。

"打官司"一场戏唱段不多,动作也很少,但要求突出巧儿坚强的性格。裁判员问她:"你跟赵柱儿退了婚,怎么又要嫁他呢?"巧儿理直气壮地对着裁判员说:"那次是父母包办,应当退。这次是我俩自己定亲,反正我跟赵柱儿是跟定了!你是裁判员也不能给我们断散了!"裁判员发火了。巧儿说:"反正我俩定了!"说完转身出门,一扭头,一甩辫子,大步赌气走了。从背影也要看出巧儿坚定、勇敢、干脆、直爽的性格。这一个动作就把性格表现出来了。

"桑园告状",唱段较多,感情的变化也大。这是最后一个重点场子,要唱出巧儿的情绪起伏和内心焦虑。有几段唱同是〔原板〕三眼一板的打法,就靠情绪的变化来吸引观众;如果情绪变化不大,就会把这场戏唱平了,唱烦了,因为所唱的内容全是前几场发生的事情。开幕是巧儿一人在采桑叶唱:"巧儿我采桑叶来养蚕,蚕做茧儿把自己缠……"这段唱是唱自己的心事，主要表达盼望的心情。

这场戏只有专员和巧儿两个演员，巧儿一人唱，专员只有几句话。巧儿动作不多，全靠几段唱的情绪变化，唱出感情来："巧儿我采桑叶……"是〔原板〕。见着专员唱："我日日夜夜把您盼，见着您好像乌云见青天……"这是〔碰板〕楼上楼，节奏比〔原板〕快。向专员告状唱："我的爹图钱财包办婚姻，狠心肠卖女儿太无人情……"这也是〔原板〕，但从平腔转高再低下来拉腔，就显得有了起伏。要唱得诚恳、迫切。向专员诉说父亲贪财卖女经过。下边唱："我三番四次表过心，为什么马专员他还不认真？……"这是唱〔散板〕再上板，唱到"我对专员发誓愿，巧儿纵死不嫁旁人"锁住板，这句要唱得斩钉截铁。

最后的一大段唱，是专员听了巧儿的话以后，并没有表态就走了。巧儿心神不定，怀疑揣测地想着心事，拿起小竹篮，眼睛望着专员的背影唱："盼星星，盼月亮，盼来了马专员……"从低腔转到脑后高音，"星星"两个字完全用鼻腔共鸣音。这句唱原来的设计是低头提篮站在坡下，巧儿满怀心事，十分苦闷的面部表情全都看不见，因为这个坡是在台的里侧，坡下是阴影，灯光打不到，因此这句唱全都捂在里边了。

原来我设计的这个动作没有利用好灯光，尽管唱腔很好也白唱了。特别是表现情绪变化的重要唱段，应当考虑到灯光、地位，后来我改成巧儿看着专员下场的方向，自己慢慢地走上坡，站在突出的灯光最亮的地位，巧儿思虑的情绪观众都看清楚了。这时"过门"行弦，巧儿站在坡上，蓝蓝的天空有几朵白云，背后一片翠绿的桑树；唯有巧儿的玫瑰色小袄突出一点红，远看近看都好看。灯光正好打在巧儿脸上，放大到全身，唱"盼星星，盼月亮，盼来了马专员"，从坡上边唱边向下走,从远到近,每一个字观众都听得清楚,每一个动作都看得明白。直到最后唱:"左也思右也想难遂心愿,我只得捺着性儿等到明天。"下场,"桑园"结束。

最后巧儿和柱儿冲破了封建势力,自由结婚。年轻的姑娘和小伙子们把巧儿围住,巧儿勇敢地向专员向大家指出:父亲贪财,地主害人,媒婆好吃懒做,也表明了她要和柱儿一心相爱的决心。

《刘巧儿》演出后,立即受到广大观众的热情欢迎。一九五〇年宣传婚姻法,我们剧团跑在前边。大家兴高采烈地深入到社会各个角落去做宣传。春节到中南海给中央领导同志演出,毛主席、周总理、朱总司令看完戏接见了我们。毛主席说:"看到延安的窑洞很高兴。"周总理亲自盘腿坐在纺车前教我纺线,朱老总对我说:"你好好学,周总理在延安可是纺线能手。"我们的中央领导同志这样平易近人,三十年过去了,至今如在眼前。

同一年的三八妇女节,北京市妇联主席张晓梅同志举行庆祝大会,邀请我们在中山公园露天演出《刘巧儿》。全市各界妇女都来看戏,从郊区农村来的妇女也很多。戏演了一半,忽然下起雨来,这场戏正是巧儿在桑园向马专员诉说父亲贪财卖女的情节。这是一场唱工戏,要在台上足唱四五十分钟,就这样淋在雨里,观众一动不动。舞台的后部是有顶盖的,演员淋不着雨,但我看到观众都淋在雨里,我就有意地移到舞台前半边接近观众的地方,我也全部淋在雨里,成了落汤鸡了。当时我感觉必须这样做,这才是新社会演员和观众的关系。

为宣传婚姻法,《刘巧儿》演遍了农村、工厂。记得有一次到石景山为工人演出,为了让工人同志听清楚看明白,我站在八仙桌子上唱,受到了广大工人同志的热烈欢迎,唱到"这一回我可要自己找婆家"时,有人喊:"向巧儿学习……反对包办婚姻的刘彦贵!"

还有一回我到顺义县演出《刘巧儿》，散戏后我正在下装，一个十六七岁的女孩子拉着他父亲找到后台，对我说："我爸爸看了戏，对我说了，不做包办婚姻的刘彦贵。明天我们就找媒婆，退掉财主送来的彩礼。"说完女孩子激动得和我拥抱在一起，我的脸被她的泪水沾湿了。她父亲面带愧色地对我说："我闺女要学巧儿，我可不能学习刘彦贵呀！明天就退亲！"我握住老大爷的手，把他女儿推到他面前说："大爷真进步，我也受了教育，大爷您真好！"他们爷两个欢天喜地地走了。看见他们的幸福，我也感到幸福。

有一天在北京民主剧场演出，一位前台负责的同志对我说："马锡五同志来看戏了。"马锡五同志是当年边区政府的专员。他亲自走村串户，进行调查研究，创造了流动法庭，替人民办案。他就是亲自调查处理了真正的刘巧儿——封之琴的婚姻问题的马专员。当时边区到处传颂着马专员一贯深入群众、公平断案的佳话，都称他是为人民办好事的马青天。

马锡五同志看完了《刘巧儿》后，来后台看我们，我还没有下装就去欢迎他。他身穿老区的粗布灰制服，头戴八角帽，满面笑容，和蔼可亲。他一进后台大家就把他围住了。因为人太多，我们把他让到台上，大家都坐在台毯上，他很自然地也盘腿坐下了。那时他是最高人民法院的副院长，对人朴实亲切，见着演员们问长问短，就能想到他当年走村串户、村口地头深入群众的活动情况。我们给他送烟送水。他看见有人抽旱烟，说："我来袋旱烟吧，劲头大！"于是马锡五同志接过旱烟抽起来，一下子就和大家打成一片了。大家聚精会神地看着他，连前台的工作人员也来到后台跟马锡五同志坐在一起谈心，都要听听他看完《刘巧儿》的意见。

马锡五同志说：刘巧儿这个角色演得好，很真实，唱得也好。赵柱儿演得也朴实，和真的柱儿很像。比起当年说书《刘巧团圆》丰富多了，提高多了。我们请他讲当年边区的生活习惯和穿着打扮，他说刘巧儿这个故事真有其人，实有其事。生活中的刘巧儿名叫封之琴，是个勇敢朴素的姑娘。他说："巧儿辫子上扎红丝绳不对，应当用红绒线绳扎辫子，这在当时边区姑娘是很普遍的。还应当戴上耳环。"他看见我有耳朵眼儿说，"这点倒是像封之琴。"他看见赵柱儿头上扎的毛巾，说很好，但扎法不对，结子应打在前头，打在后头是河北农民的扎法。另外毛巾最好有点黄土泥。他看见演马专员的演员留的是八字胡。他说："为什么演干部留着个八字胡？成了老地主了，哪像个干部哇？"大家都笑了。

《刘巧儿》这出戏演出后，经常有当年边区的老同志来给我们指点，在生活气息上不断地改进。一九五〇年灌了唱片，北京城大街小巷的收音机里到处都唱着："巧儿我……自己找婆家呀！"很快，全国各地专业剧团、业余剧团，都普遍排演这出戏，我们到处去辅导帮助排练。

一九五六年，《刘巧儿》又由长春电影制片厂拍成了艺术片，在全国以及国外上映以后，我收到观众的来信太多了，剧院用麻袋装起来送到我家。

现在，三十年过去了，我还不断收到《刘巧儿》的观众来信。《刘巧儿》这出戏观众为什么这么喜爱看？我想，除了它是一出喜剧，剧情曲折生动，唱也多，人物也全，生旦净丑行行都有等原因之外，恐怕还由于广大妇女要求解放和婚姻自由的心情迫切。这个戏反映了群众的要求，唱出了群众的呼声，至今还有它的现实意义。因此，这出戏到现在还保持着旺盛的生命力。

说说《花为媒》

《花为媒》这个戏在一九六四年就拍成电影了。由于种种原因没能公开上演,只在内部演出。不久,"文化大革命"开始,我被打成反革命。江青点名说我不会演戏,是个空壳子,当然这部电影就更不可能上演了。

《花为媒》电影在内地没有演出,但在中国香港和澳门、新加坡等地以至美国都上演了。我收到很多观众来信欢迎这部喜剧片。美国华侨报说这是"家乡的评剧",多么亲切呀!

近一年来,很多城市都上演了《花为媒》,我每天都收到观众来信,询问《花为媒》这出戏的排练经过,并向我要戏中的"赏花"和"报花名"等曲谱。

《花为媒》是依据《聊斋》中《寄生》故事编写的。当年因为评剧地位低,没有作家专门为我们写剧本,大都是评剧艺人成兆才先生自编自演。当时还没有女主角,都是男人演旦角。有"四大名珠":月明珠、碧月珠、盖月珠和明月珠。这四大名珠都唱《花为媒》,各有各的拿手之处。后来有了女旦角:花莲芳、碧莲花、小桂花、芙蓉

一九六四年拍摄《花为媒》时

花、李金顺、李银顺、李宝顺等，也都以唱《花为媒》为拿手杰作。这里还有一个特点，即她们本人都是一双小脚，因此，唱《花为媒》"看看头，看看脚"时，真把小脚伸出来。

《花为媒》是出唱、做、念都重的戏。在日伪时期，白玉霜、爱莲君、刘翠霞等很多主要演员都不演张五可而演阮妈。阮妈是玩笑旦，可以在舞台上随意抓词。演张五可她们认为费力气。有一个演员演阮妈"报花名"这场戏时，临时抓词，对台下卖糕干的秃老头唱："正月里开迎春，迎春花茂盛，卖糕干的脑袋亮，像一个电气灯。"就这样，每个月的词，都是随便现抓，唱一次一个样。

《花为媒》这出戏，过去是过年过节时演全本的。从《王少安赶船》接演《花为媒》。平时只演折子戏，是从张五可坐楼对镜自夸到花园相亲结束。这是一出三个人的小折子戏。

过去全本《花为媒》的剧情是：王少安追赶渔家女张翠娥成亲，生了一个儿子，名叫王俊卿。阮妈给王俊卿说媒张五可。王俊卿因爱上了表姐李月娥，便说张五可脚大、脸丑、鼻子歪，不要五可。张五可听丫鬟说出王俊卿对自己的贬低，非常生气，对镜自夸。后在阮妈的安排下，王俊卿在花园偷看张五可，立即同意亲事。王俊卿和张五可拜堂的日子，李月娥闻知，自己也备了花轿，抢先和王俊卿拜了花堂送入洞房。张五可花轿到时已晚了，但五可勇敢、果断，闯入洞房，结果王俊卿娶了李月娥也娶了张五可。五可唱："你先来一步你为大，我情愿对你姐姐称。"月娥唱："姐妹同是一夫君，你我同侍一相公。"三人同入洞房，剧终。

老本子《花为媒》尽管有很多好的唱段和丰富的板式，但因为它产生在旧社会，宣传一夫多妻制，并为迎合当时观众的低级趣味，有很多庸俗的东西。唱词很不讲究，人物性格也不鲜明。李茂林和阮妈有些表演也是低级趣味，如阮妈来提亲时，李茂林对阮妈动手动脚，阮妈说："李太太，你管着点，他这么动手动脚的，我可守着寡呢。"李茂林嬉皮笑脸说："你守着寡呢，我以为你守着俩哪……"还有，李茂林上场时问李太太："你为什么给我生个闺女不生个小子？再说生闺女跟生小子是一样的费力气，你怎么非生个闺女，我没有儿子连孙子都耽误了。"接着就哭了，唱了一段要儿子的很庸俗的唱词，表演也很低劣。

一九五五年，我们评剧院挖掘传统剧目，展览了《花为媒》，还请了唯一的男旦角张凤楼老先生来做展览示范演出。我也参加了演出。接着，我们成立了一个小组，大家讨论，出主意。改去一夫二妻的内容，加了一个王俊卿表弟贾俊英。贾俊英代替王俊卿到花园偷看相亲并订了亲事。最后张五可闯入洞房，阮妈说媒将张五可嫁与贾俊英。王俊卿、李月娥、贾俊英、张五可双拜花堂，喜剧结束。剧本由陈怀平、吕子英整理。修改后的剧本演出得到观众的欢迎。虽然增加了一个人物，但可信，剧情也很通顺，各方面有了提高。

一九六四年长春电影制片厂导演方荧同志请吴祖光同志把《花为媒》改编成电影剧本。内容又有些增减，文字又有了提高。充实了李茂林封建、顽固的性格，去掉了庸俗内容，发挥了我们评剧彩旦的表演。我们有一句老话："评剧班有旦吃饱饭。"电影开始时两个彩旦对唱引出剧情。阮妈是玩笑旦，二大娘是打旦。早年间演《花为媒》时，一般都由同一个演员前边演李茂林，后边演二大娘。抢拜花堂后有一场大开打，二大娘耍大刀。这出戏有老旦，有花旦，有青衣，有彩旦，旦角最多，这也是我们评剧的特点。

舞台本张五可第一次出现是在父母后面上场。电影本是张五可赏花，在花园的花丛中出现，这就点出了五可和花的主题。

张五可花园赏花唱："玫瑰花开颜色鲜，梨花赛雪满栏杆。百花园里花争艳,蜜蜂儿蝴蝶儿飞舞在花前。我张家姐妹有五个,五朵鲜花肩挨着肩。只因为女大都当嫁,四位姐姐风流云散各自配姻缘。撇下我张五可闺中寂寞无人伴,怕的是春去百花残。粉皮墙锁深深院,辜负了日暖风和四月天,闷坏了女婵娟。"这段唱是舞台上没有的。电影为了突出五可的爱花性格又说出自己待字闺中,同时介绍了四个姐姐已嫁,才添了这段唱。这是一段单人戏,边唱边舞。用扇子遮住了脸,慢慢露出头、脸和全身,突出五可的美丽大方。微笑的五可在园中赏花时,从愉快转入孤单郁闷的心情。这一段是新创的曲牌"蜻蜓调",曲调优美,节奏跳动,双板打法,新鲜活泼。美丽、多情、勇敢、大方的张五可就在这乐声中出现。

老本子坐楼念诗:"二八女子坐绣楼,一阵欢喜一阵忧。"电影改为:"太阳一出红满楼,清早喜鹊上枝头。"这两句诗上场就比较鲜亮、丰满。

老本子里张五可在花园报花名是老套子:"正月里开迎春,春光数正,刘伯温修造北京城;二月里开杏花,杏子不多,武松打虎在景阳坡……"就这样,每个月扯上一个莫名其妙的古人名字。电影本改成四季赏花:"春季里风吹万物生,花红叶绿草青青,桃花艳、李花秾、杏花茂盛,扑人面的杨花飞满城。夏季里端阳五月天,火红的石榴白玉簪,爱它一阵黄昏雨,出水的荷花亭亭玉立在晚风前。秋季里天高气转凉,登高赏菊过重阳,枫叶流丹就在秋山上,丹桂飘飘天外香。冬季里雪纷纷,梅花雪里显精神,水仙在案头添丰韵,迎春花开一片金。"这段唱腔,是在传统的《老妈上京》(唠调太平年)的基础上,丰富了旋律发展成的。把原来的尾音"太平年"改用过门代替。因为原来的《老妈上京》中的小老妈和傻柱子一是三花脸,一是玩笑旦,边走边唱"太平年"。在这里是张五可唱,用过门代替"太平年",就显得五可这个形象既豪爽、美丽,又很庄重了。

电影里还有一段唱是舞台上没有的：张五可看见了贾俊英，误认为是王俊卿，心里的愤恨要对他发泄，她生气地打开扇子，满面怒容，步步逼近，贾俊英不知道王俊卿对张五可进行过贬低和丑化，对五可的态度很不理解，他施礼退让，诚恳稳重，美貌又文雅。这时她唱："好一个俊书生翩翩年少，又英俊、又文雅难画难描，头上戴一顶生巾帽，身上穿一件绣罗袍，满面的书卷气，连连地赔着笑，倒叫我满腔怒愤雪化冰消。"五可已心平气和，忘了王俊卿对她的贬低。接着她问："我问书生到花园你把谁找？"这句话是出自羞怯的心情，唱得较慢，"找"字拉一个小腔。贾俊英唱："小生王俊卿到此特意把花瞧。"这一说又引起了五可的气愤，她逼近贾俊英唱："叫一声王俊卿你来得正好，顾不得女孩家我的粉面发烧。"前半句从低到高甩腔，唱出娇怯、愤恨、质问的情绪。后半句唱得要稳，"粉面发烧"拉低送出"发烧"两个字的尾音。

下边，张五可质问王俊卿一段，老本子是："你看看我的头，再看看我的脚，看看我的小身段矬与高；你看看我的前面，再看看我的后面，前后左右由着你的性儿瞧；走一步，卖风流，走两步把身摇，五可走了一个连环步，钗环响亮声音高。俊卿啊，漫说是你这么一点小主意，就是那八仙见我也得下天曹。"电影里改为："今日里在花园我们见了面，我让你仔仔细细把花瞧；你看看合欢树，再看看含羞草；你看看藤萝绕架，再看看柳弯腰；你看看兰花如指，芙蓉如面；看一看我这满园的花开美又娇。走一步凤展翅，走两步彩云飘，五可我走了一个连环步，钗环响亮音声高，可笑你小小的书生为花颠倒，意悬悬，眼灼灼，魄散魂消。"我唱"你看看合欢树"这段时，是用三眼一板唱出的。每一个动作都有一个亮相，用扇子打开、收住，上下、前后、左右对称挡脸动作，显示出勇敢泼辣、大方豪爽、自负的性格。

这一段戏，是小生小旦的对舞戏。张德福同志演的贾俊英有深度，表现出他对张五可才貌双全很有爱慕之心，但又想到自己是代人相亲，不能表示出来，演得恰到好处。

阮妈和张五可的戏最多。赵丽蓉同志演阮妈，创造了很有经验、热情勤快的媒婆形象。她能说、会道、说媒、跑腿。赵丽蓉演得朴实、风趣而不庸俗。在花园配合五可的动作，起到了红花绿叶的作用。每个动作都很逼真、细腻。丽蓉的嗓子并不太亮，可是她会唱，字字清楚，唱得有情，在演"报花名"一段时，她衬托得非常好。"四季花开"里有四个姿势亮相。两人上下蹲身、左右云手。如："亭亭玉立在晚风前"这句唱，张五可打开扇子，用云手、反手，再耍一个腕花盖在头上，做出荷叶下面荷花出水的姿态。丽蓉也同样做出，和五可一前一后，不搅戏。张五可一个蹲身下去，阮妈亮个高相，接着一个转身，阮妈走上一步和五可两个人同时用云手做高矮亮相。两个人配合协调，一点不乱，谁也不抢谁的戏。

阮妈"报花名"时，丽蓉用一个手绢打开旋成一朵花，用烟袋一顶飞出去，又落在烟袋上，表示荷叶凋落，很符合内容。五可对阮妈的陪衬动作不能多，举动也要稳重，多了就搅了阮妈的戏了。这一段戏，我们两个配合得很严谨、默契。

赵连喜是我们评剧老演员，扮演李茂林。他用喜剧手法塑造了一个封建、古板的老头形象，有趣而不庸俗。他本行是演正生的，如武松、石秀等。但他演李茂林这类喜剧的人物也很好。他演戏认真，一丝不苟。

这里还要讲的是张五可的笑。第一次是在花园赏花，联想到自己的终身大事时，用扇子遮起脸，然后又露出半面，微微带笑。第二次是阮妈来提亲时问："五姑娘你可是愿意还是不愿意呀？要是愿意，你在老爷、夫人面前一笑。要是不愿意，你就把嘴一噘。大家看

《花为媒》剧照。左为张德福、赵丽蓉。

哪！"张五可早就听说王俊卿是个有才有貌的俊俏书生，心里早就愿意了，可是听阮妈一说，想笑又不好意思，觉得调皮的阮妈可气，可怎么办哪！她两眼看着阮妈先想不笑。但阮妈在一边逗她："五姑娘笑了……"张五可"扑哧"一下子笑了，笑得那么爽朗，那么甜蜜。阮妈在一边说："愿意了，愿意了……"第三次笑，是张五可同阮妈花园赏花时碰见了冒名顶替的王俊卿，想借花泄愤，骂一骂这个无礼的书生，便巧妙地把阮妈骗走了，唱"好心的阮妈妈被我骗了"，自己得意地、天真地"扑哧"一笑。这几个笑都要笑得与思想感情贴切对头。花园赏花是自然的微笑；阮妈提亲是不好意思尽量地憋着，在阮妈逗她时才憋不住一下子笑了；骗走了阮妈是得意、天真的笑，这一笑是从内心发出的得意的笑。电影里对这几处笑都是采用特写镜头。

电影里张五可对镜自夸一段，从对镜自照到亮出全身，共拍了七百多尺。先期录音还要对口型。这么一大段唱再加上舞蹈动作，变换很多位置，都要准确无误，拍下来是很复杂的。结果是一气呵成拍完了这个镜头。导演、摄影师和工作人员都捏了一把汗哪！我自己也紧张得坐在那里半天松弛不下来。

"洞房"一场，张五可夸李月娥时唱"楼上楼"，五十多句，一口气唱下来。开始排练时还有很多动作。导演认为动作多了就搅了唱，在拍摄时便去掉了一些水袖等动作。这段"楼上楼""步步高"要求唱得干净、利落，唇齿舌鼻喉音准，字清，干板垛字，有柔有刚，快慢结合。最后那段"七十七、八十八、九十九，年迈老者看见她赞成也得点头，世界上这么好的女子真是少有，这才是窈窕淑女君子好逑"，这么多字要一口气唱出来，全靠丹田的功夫和嘴皮子的利落。

贾俊英向五可求情，张五可唱："到此时真叫我无话可讲……"这

《花为媒》中饰张五可

儿拉了一个小腔，声音压低，脉脉含情地低下头，面带羞怯，用水袖半挡住脸。过门后接唱"险些儿弄一个假凤虚凰，我赠你的玫瑰花……"拉腔走近一步，正好面向贾俊英。贾接唱："我好好存放。"这一段我是想表现出张五可的大方、多情、聪明伶俐、勇敢和闯入洞房泼辣奔放的性格。张五可的性格都是在每个动作中表现出来的。

把传统戏拍成电影艺术片，我认为这部片子是比较成功的。它保留了原来评剧的风格，又提高了剧本的思想性和文学性，丰富了唱段。导演常讲"前景实，后景虚，中间扩大表演区"，戏曲搬上银幕往往虚和实容易撞上。美术设计曾给张五可设计了一个很好看的绣楼，导演和我们演员都不同意，有了真楼我们的小锣穗的锣鼓点子就用不上了。服装设计又为五可设计了很漂亮的古装衣服，我提出，这就得改变表演方法了。导演说：戏曲旦角贴片子是很好的，但在银幕上可以不贴，像越剧那样扮戏。然而，我认为那就失掉了评剧的乡土气和风格，一整套表演都要改变。我和美工同志研究了头饰，不贴片子梳大头，用自己的脸型。这种不贴片子包大头是很自然的。也可以根据演员的脸型，做假头发穗，如扮演李月娥的李忆兰同志就是做的假头发穗子。因为她脑门儿宽，梳上头也很好看。这样，就保留了评剧传统的表演方法。要是梳上越剧那样的不贴片子古装头，就得穿上带水袖的古装衣服，那就不是多情、勇敢、泼辣大方的张五可了，就成了斯文稳重的祝英台了。

一个扮相决定一套表演方法。电影《花为媒》比舞台上美化了，但仍保留了原来表演风格，丰富了唱词而又不改变辙口，发展了板式而又不影响评剧的基调。

以上把我的零星想法向热情的观众作了简短的介绍，限于自己的水平，还很不全面。

我的干爹齐白石

我从小开始学戏,没有读过书。跟祖光这个书香门第的后生结了婚,就如进了大学堂。家里不仅祖光爱书,我的公公吴景洲也是老夫子,一生喜爱文物,精通书画,也擅长鉴赏。他老人家的山水、风景、花卉、人物等,看上去仍很有功力,他习惯每天吃过早饭伏案画画写字。老公公是全家都尊重的最有威信的老人。在儿媳当中,老人家认为我最有学画的希望,他让我画画,耐心地教我用色使笔。公公年轻时就与齐白石常有交往,后来,在我成为齐老的"干女儿"后,齐老常常手把着手教我画画,常说:"画画也是画骨气,画出神态,画出性格。画牡丹要画出雍容华贵,富丽堂皇;画梅花要画出主干的铮铮铁骨的气节;画桃子要画出丰满的热情来。一张纸铺好,要设计好整个的构图,轻重疏密都要心中有数。"

我去齐白石先生家,那是我一九五〇年结婚后,祖光时常带我去买画看画。一九五一年去齐家,齐白石先生看见我就非常喜欢。我只要进了他家门,老人家就自己慢慢站起来,从肥大宽松的长袍大襟下掏出一串钥匙,用钥匙打开柜子拿出糖果让我吃。我不喜欢吃甜食,可老人总是送到我手中。为了使老人高兴，我只好吃下去。当时常去的还有黄苗子、郁风、艾青、张正宇，还有裱画家刘金涛。

一次，我和祖光、金涛去齐白石老人家，老人看着我一直笑嘻嘻的。丁聪、苗子、郁风几个见了说："齐老那么喜欢凤霞，认作干女儿吧？"齐老立即拍手点头说："好哇！我请大家在曲园吃饭，做干老子要请客才对呀。"齐老笑着催金涛："金涛，快去打电话到曲园订座位。"金涛兄忙打电话。曲园是西单一家有名的湖南菜馆。那天随去的有艾青、苗子、丁聪、张正宇、刘金涛和护士武德萱。

一九五七年祖光被错划为右派，去了北大荒，我常跟金涛兄一块去齐老家。有一次，我俩去，老人拿出钥匙打开紫红大立柜，里面都是一捆捆现钞，老人笑指着柜子说："凤霞你拿！喜欢拿多少就拿多少，干老子有钱你应当花……"

我退了几步，摆着手，表情木然，心里纳闷儿。金涛兄在一边说："齐老可真疼你这干女儿呀！给你钱你就拿吧！"我说："我不要钱，不要。"看着齐老不解的样子，我就说："干爹，我有钱花。"

齐老立即哈哈大笑，点着头说："我知道。"

武德萱大姐问我："你真傻，为什么不拿两捆？"

我说："不能，我怎么能要老人家的钱！"

金涛兄说："老人让你拿钱，你就拿几捆，他高兴，你为他高兴也该拿，他给你吃的点心都已长毛，你也吃几口，为什么钱不拿？"

我说："这和吃点心不同，轻财重义，这是做人的根本！"

后来，武大姐对我说："齐老说你这个干女儿真好，是个可靠的人！"

齐老是很重情义的，记得他过九十大寿，我跟金涛兄去给他拜寿，给他买的礼物是做好的青缎子和紫缎子寿字团花大袍。我们把长袍放在桌上，金涛兄跪下说："我给您老拜寿来了！"

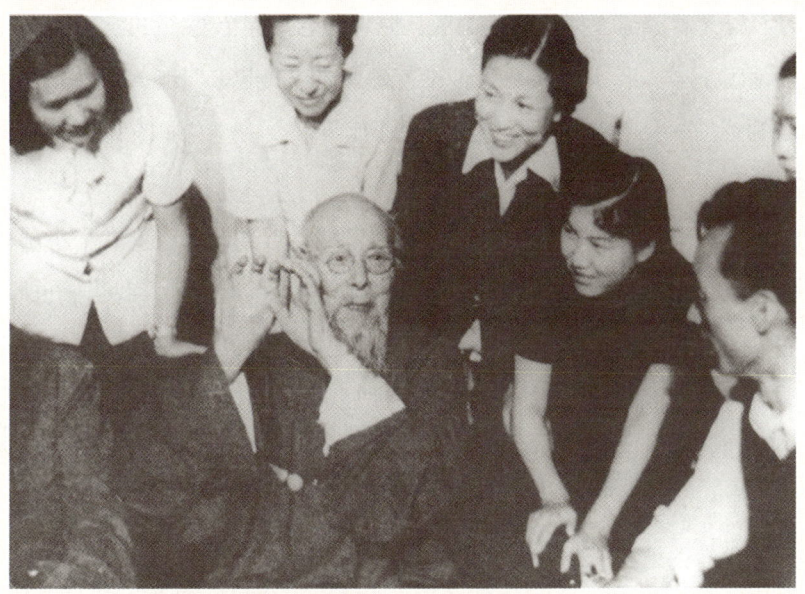

与齐白石老人在一起

与齐白石、吴祖光、艾青、张正宇等合影

我穿着漂漂亮亮的现代制服,原想向老人鞠个躬,可见金涛兄习惯地跪下了,我也只好跪下。齐老高兴地扶我起来叫道:"张妈给小姐倒茶!"我听着好新鲜,成了"小姐"了。齐老指挥着说:"你们跟我来。"

我和金涛兄跟在老人后边,走到后院,看到北面墙上有个小洞,里边有一个牌位写着"贤妻宝珠灵位"。齐老默默鞠躬,我当然也照着做了。齐老严肃地指着灵位说:"这是你娘的灵位,我每天都要来看她,她跟我只是受了罪,没有享过福。"齐老说着眼睛湿润了。护士武德萱说:"齐老很重视爱情。"齐老可不客气:"你这张嘴呀,太爱说了,人还能干,也负责,就是话太多了。"武德萱一声不吭。这事后,我们去见齐老,老人时常把她支开,但我感觉到齐老的感情是非常深的,平时几乎不流露,尤其怕触动。

看门的老尹原是清宫的太监,齐老说:"他是宫里当过太监的人,没有太多的杂念,一天也不出去。"老尹为人善良,老是手拿着笤帚不停地打扫。齐老不给他工钱,每月给他画张画,有时为了奖励,给他多画一张,他就知足满意了。因此,祖光去齐老家,老尹总喜欢挽着祖光,去他的小门房看看齐老给他的画,他手里真有好画。祖光从老尹手里买了不少画。老尹对金涛说:"吴祖光大方,我说多少钱从不少给,有时多给了还不让找钱。"

齐老对老尹、武德萱很严格,可是也不亏待他们。他说:"对佣人要宽厚,有好处。你不对他好,他很可能暗地算计你!"无论是谁,他都一律同等对待。他说:"我一生只靠两只手画画,卖画吃饭,从前我按尺寸定价,解放后我仍自食其力,不靠国家!"他是典型的艺术家脾气,倔起来谁也不让。

我向齐老学画画,受他的鼓励。他教导我:"搞艺术也是表现自己,就如我画画、你唱戏,道理都一样,讲骨气,有勇气,讲正义,最重要的都是表现自己。"我体会齐老的作品也确有他的骨气、正义、勇气,也就是大艺术家的大气派。

我因演出繁忙,不可能在画画上画出成绩来。但我在演戏上,是遵照齐老的教导做的,在舞台上我挺胸抬头唱戏,面向观众。我演的节目、创造的人物,大都是一些争取自由、有正义感、有反抗精神的古今女性。如《刘巧儿》中的刘巧儿,《杨三姐告状》中的杨三姐等。放开手画画,挺起胸唱戏,这是我向齐老学画得到的最珍贵的启示。

有一天,金涛兄陪我去齐老家学画画,恰好齐老一人在家。金涛兄说:"今天齐老可要好好教干女儿画画了。"齐老让金涛铺好纸,高兴地把我叫到他身边,手里拿着一支笔:"来吧,画一张。"我心想:"做艺术家就不能退后,这也算是第一课。"于是我接过笔,放开了手,大甩笔画了一个小兔。金涛没出声,齐老高兴得像孩子:"好!好!这个小兔画得有神,就是嫩了点,好!"金涛兄看着齐老说好,也拍着手说:"好!这个小兔活泼,小胖兔……"齐老接着说:"我是看看凤霞有没有胆子。画画的敢甩笔杆子,当伙计的敢端盘子,唱曲的敢扣弦子,当裁缝的敢下剪子。凤霞有胆子,有艺术家的气魄!"

齐老喜欢看戏,京剧四大名旦梅兰芳、程砚秋、荀慧生、尚小云,四大名生杨宝森、谭富英、马连良、周信芳都请他看过戏。但他看戏只上前台,从不去后台。唯独看我的戏先来后台看我化妆,然后去前台看我演,散了场又来后台看我卸妆,再去前台等我一道坐汽车,把我送回家,他才回去。

有一次,武大姐说了一句:"不要等凤霞卸妆了,她演了一场戏,你也看够了……"齐老发火了,说:"要走你走!凤霞演了一场戏,她累,我应当等她一道走,你走吧,走呀!"那天是我和祖光、金涛

新凤霞画作《梅花》

一道，先送他回家，老人好高兴，又说又笑，还学着我的动作唱了几句，湖南腔还是什么腔听不清，他高兴就行。

金涛兄说："要有拍电影的，给老人拍下才好呢！"齐老说："我才不给别人看呢，我只给我的干女儿看！"齐老看我演《祥林嫂》，这出戏是一出大悲剧，齐老哭了，陪他看戏的武大姐也哭了。看完戏武大姐陪他来后台，老人把帽子哭丢了，大姐说去找，齐老发火，一定要先来后台看我。见面就从衣袋里掏出一叠钱说："我的干女儿太苦了，干老子有钱……快拿着……"我说："干爹，那是演戏，我有钱。您收起来！"

齐老对艺术严肃，生活却俭朴，在生活中始终保持着他当木工时的朴素习惯。有一次，金涛兄和我陪齐老吃饭，一位梳着圆头的女佣人为老人端上一些饭菜，一盘豆豉辣椒，一碗腊肉素白菜汤，都是些小盘小碗。金涛师兄吃完，小声对我说："我没有吃饱。"但我吃了两碗饭，喝了一碗汤，急着要看齐老画画。齐老对秘书武大姐和我说："你们就是不考虑金涛是爱吃的人，我的小女儿凤霞吃什么都行，今天金涛肯定没吃好，下次请您去曲园吃。"

齐老画完一张画就要仔细察看，他已是九十岁的老人，确实难以看准，但他手上的功夫可准了。有时他虚闭着眼画几笔，睁开眼再仔细看看，点点头算是对自己的画满意了。有时还满意地做做鬼脸，真是老小孩儿。他的功夫到家了，做到了心里有数，手上有准了。画呀画呀，画到近一百岁。

他有很多学生，老人画画时大家都围在一边看，老人一声不响闷头画。可是在大家都不在的时候，他就边画边传授我如何用笔，如何调色，如何心里要有实物，手上才能疏能跑车、密不透风，画出实物的神采来。画得不像不要紧，可一定要神似。他还说："你毕竟不是在照相，你是根据实物经过你的画笔，再创造出你所想象的神采，这才叫艺术品的神韵，原封不动画出的桃子是匠气作品，要琢磨怎样画活了，看着已像离开了纸。"

也真是这样，看看齐老画的一篮桃子，那大桃压在简陋的篮子上，大胖桃子的丰满可爱，竹篮子的单薄负重都跃然纸上，能看出齐白石的艺术家风度。我看齐老画画，再仔细研究齐老的画，再回想齐老的教导："你画画跟唱戏一样，不可死学原搬，要记住花力气，下苦功，再创造，不能不进取啊！"真是受益匪浅。

齐老说："各种艺术都有共同点，在台上唱戏，会有意无意地带出你的做戏品质来，也就能看出你在台下的为人做事了。我拿起笔有我的骨气、我的为人。你唱戏也是有意无意地把自己亮在台上，这是画自己，也是唱自己啊！"

齐老当时把这话写在纸上，刘金涛先生为我裱好了，可惜在"文化大革命"中齐老写的这张字不知去向了。更可惜的是，齐老为我画的几只老凤和小凤也被抄走了。

齐白石先生是当木工出身的大艺术家，他有当木工的精细，也有艺术家的风度气魄。我学习齐白老是学他的气质功法，因为我是没有基础的，不会写字，要我丈夫题字。齐老说："你们是夫妻画，霞光万道，瑞气千条，夫妻画难作，祖光凤霞就是一幅难得的画……"

我画画用颜色，也是在回忆自己的舞台生涯。那些五颜六色、金光闪闪的中国戏曲的独有颜色，增加了我的信心，但我至今还不能自己完成一张画，中国画要有字和印章，每张画都要我丈夫祖光为我写字，有几位画家朋友安慰我说："夫妻合作是中国历来有的，也是可贵的。"我只能说："谢谢！这是你们鼓励我和成全我！"如今，我放开手画画，希望能画出自己的风格和性格，像以前演戏一样，用激情去感染人们。

梅先生和梅师母

一九五二年，我从天桥、吉祥、天乐、万盛等小戏院子搬到中和戏院演出。记得一位前台负责人迟先生跑到后台，悄悄地对我说："凤霞，梅先生和夫人，还有许先生兄弟等人来看戏了，坐在后排。"先生看戏是自己买票，这天我演的是《刘巧儿》。先生不叫声张，我也不敢惊动。先生看完戏就走了，我总觉得挺失礼。前台迟先生说："梅先生看戏，十分高兴，说新凤霞很聪明，是个好演员，她把程式动作用在现代人身上很好，一点不过分，做到融会贯通了。"

一九五二年，祖光接受周总理的指示拍梅先生的舞台艺术片《醉酒》《宇宙锋》《霸王别姬》《洛神》等。梅先生在天津中国大戏院演出，这戏是演给剧组看的，为了学习，我也去了，梅先生和师母看见我十分喜欢，夸我演戏认真，扮相不错。

记得许姬傅先生提议："梅先生这么喜欢凤霞，凤霞还不向梅先生礼拜呀！"说着拉我向先生鞠躬，师母也说："梅先生夸奖凤霞：这个学生很好。"梅先生严肃地说："我很高兴收凤霞，她又是吴导演的爱人，太好了！我收了不少内行外行的学生，都是学生请客，我收凤

与梅兰芳先生合影

霞我请客！"我师母拍手说："我赞成！"

拜师请客在登迎楼，有周扬、欧阳予倩、洪深、许姬傅兄弟等人。师母送我两套衣料、一对金鱼缸、四盆玉簪花。我最喜欢猫，正赶上师母家的狮子猫坐月子，生了四只小狮子猫，因为我说喜欢，师母叫人给我带来一只猫，过了一阵先生和师母专门来我家看猫长得怎样。祖光为了猫，在四合院的几个门上都挖了猫出入的门道，冬天还做了棉门帘子。

我排先生的名戏《凤还巢》，请示先生："我说评剧不能用男演员演程雪艳，用女演员演，评剧女演员有历史传统，演喜剧角色很有色彩。"先生说："《凤还巢》这出戏不火，只要程雪艳能挑起来就好。"我说："我们有个喜剧女演员赵丽蓉，她肯定会演好程雪艳。"结果《凤还巢》的演出十分受欢迎。

"文化大革命"中，我被迫害，腿受了伤。梅师母十分关心我，那时我住在和平里十四区，和马连良夫人是邻居，师母来看马太太顺便来看我。她们看见我受伤，十分同情。马太太生活很苦，师母讲她的家也被抄了，这么个大家又那么多人，也很难，还有一些老人需要照顾，家里全靠儿媳图珍，她能干、可靠。师母也有先生的美德，关心人，容让人。每次来看我，总是给我带来大瓶炒酱和营养品。

我去梅家和师母谈话最多，也看到了师母的博大胸怀。师母做了先生一生的贤内助，谁都看见了梅先生在舞台上的辉煌，可谁看到师母福芝芳对先生的支持和操劳？"文化大革命"中，她不但照顾一个大家庭，抚养了一群儿女，还照顾那些跟梅先生合作多年的老伙伴。在梅家，师母是有功的人，她待人宽厚、大方，有气魄，是梅先生有力的支柱和后盾。

一个音乐家对我的帮助——怀念盛家伦

我从小学戏,在旧戏班长大,没有念过书,纯粹是一点不掺假的土包子。一个艺术家必须要有一个能够从事创作的良好环境,一个演员台上台下、工作和生活都需要好的环境和条件,可在解放前那些苦难的日子里,这些对我来说都无从谈起。

我从记事起就受堂姐姐的影响和熏陶,六岁开始随姐姐学戏、唱戏,从而也就决定了我唱戏、当个戏曲演员的命运。在旧社会只知道"生在江湖内,就是薄命人",吃苦认命,在艰难受罪中过日子。谁叫我非当演员哪?使劲熬着,就盼着能唱上主角,成了名,能挣钱养家就行了。

新中国成立,提高了我的社会地位,我再不是穷唱戏的了,成了文艺工作者,被人家称作艺术家了。我接触的人和我的生活环境都起了很大的变化,和我来往的很多人都是专家学者,和我同住一起的都是有学问的作家、画家、音乐家。

住在我同一个院子楼上的是三十年代就负有盛名的音乐家盛家伦,他是和冼星海、聂耳同时代的著名音乐家。

他那时已经近五十岁了。我认识他比较早，从一九四九年我刚来北京，在天桥万盛轩演戏时，他就同沙博理先生一起常来看我的戏。沙博理是美国人，说一口中国话，盛家伦也是穿西装。他们两个来天桥看戏，跟劳动人民同坐在长板凳上，显得很突出。

后来我们知道他们是音乐专家，我就让人请他们到后台来，希望听听音乐家的意见。有时散戏后把他留住，我不下妆，就到前台池座里亲自去请他。可他从不自己主动来后台，他很拘谨，话说得很少。

多少年来我都把沙博理先生当成音乐家，后来才知道他原来是美籍的文学专家。后来我和祖光结婚后才发现家伦是祖光的老朋友，而且就住在同一个院子，这我可有了向他学习的机会了。他是民族音乐研究所的研究员，平时不上班，在家做研究工作，连他的工资那时都是像李元庆这样的大专家亲自给他送来。他们都非常尊重盛家伦。

盛家伦对我的唱很有兴趣。他跟我讲过：声乐是有它的民族形式的，要通过咬字发声，把自己民族的风俗、习惯、思想感情表达出来。声乐要有自己的特点，我国有许多不同的剧种，都是根据本民族或地区的不同语言习惯、风俗特点，组成自己的旋律和不同的发声方法。中国是多民族国家，因此我们有各种唱法，各有独特的风格。地方剧种都是根据自己的地方语言习惯形成自己的剧种，因此有自己的旋律和韵味，从而形成自己独特的演唱方法。西洋的发声、演唱也是根据自己语言的要求，根据自己文字语言的特殊规律而形成了不同的演唱流派。

知道了演唱是语言的表现，是感情的抒发，然后就要看自己做到了这一点没有？从体验到体现，唱出人物的内心活动，创造更正确的音乐形象。比如我是唱评剧的，仅仅有了民族的语言和风俗习惯是不是就算形成了自己的剧种风格了呢？这还是不够的。艺术是发展的，比如河南豫剧、山东吕剧以及南方的各种剧种，都以自己本地区的语言形成音乐旋律,成为自己的地方剧种。评剧是比较年轻的剧种,它只有近百年的历史,但发展得很快,产生出不少流派,它运用的已不是当年其发源地唐山的语言了。尤其解放后发展得更快,普及到全国。我的唱法就是以普通话为标准,字音正,但还要在相当程度上保持当年的滦平韵味,这也可以说是我们评剧的特色吧。

盛家伦对我说过:我们中国的民族发声、唱法,有自己的语言特色,但还要吸收西洋的方法和经验,要唱准音阶,找到正确的共鸣。西洋发声方法合乎科学,咱们应当接受和利用他们的经验和方法,把它运用到中国的民间唱法中来。这样能使我们的声带延长寿命,永远保持声带的光滑。

正确的共鸣口形、上下贯通,发挥头腔音,无论唱什么,这点都是重要的。根据人物性格和身份,在行腔演唱中要注意喉音、鼻音、呼吸,怎样运用丹田小腹的控制,使气流自然、送音有力。行腔音准,节奏鲜明,归音咬字就优美动听。

练习发声时,盛家伦告诉我要注意共鸣和咬字的方法。他主张我依据中国语言和地方音韵解决发声咬字的问题。声音表情要服从于人物的感情,但同时还必须有演员本人的特点。

我学习许多剧种,以及各种曲艺的唱法,甚至于西洋发声方法,我也有意地去学去练,这对我的演唱很有好处。但是在练西洋发声唱法时,仍要注意以我们的唱法为主,西洋方法为辅,叫它起辅助的作用。

盛家伦给我讲解了西洋发声的科学性。他希望我能多懂得一点理论,但又不要死背理论,被理论束缚住。

歌唱演员就是靠声带发声演唱,可是不会保护声带,不懂得发声的道理,那是不行的。演唱时两声带要靠紧、合拢、闭合得越紧,声音就越是清脆、明亮、圆润。如果呼吸掌握得好，蓄气足，音量就能更宽更亮，拉腔也就更可以持续延长。要达到这一步必须进行各种训练，其中对呼吸的训练是非常重要的一环。

声带并不能发音，而是气流冲击声带周围的肌肉，使肌肉产生振动才发出声音。发声时，声带周围的肌肉一定要松弛灵活，自然有力，这样才能支持声带持久用劲，使音量放大。肌肉帮助发声这是很简单的道理，比如一个人有病发烧周身无力，说话声音也受影响。想要唱得好，还要刻苦地去练习。勤练出功，常讲"台上一分钟，台下三年功"，台上的每一点成绩，都是台下刻苦练习的结果。常听人说：这个青年演员都好，就是唱起来嗓子太飘了。这就是没有功夫，火候不到家，缺乏锻炼的缘故。

演唱时，两条声带要靠紧，闭合得很牢固，声带张力拉紧，这时候各个肌肉群也在帮助发声。练得多，功夫到了，就能练出韧性，能控制住声音的宽亮、高低、强弱，使声带伸缩自如。

声带拉紧靠拢必须有正确呼吸方法，才能发挥音量的强、弱、延长的作用。要能够控制声带松紧，必须有正确的练声方法。有时演唱到激情高音，或强烈的喊叫时，发出的声音不正，有一种嘶哑劈裂的刺耳声音，这就表明超出了声带的负担了，这样容易损伤声带，作为一个演员千万要注意对声带的保护。

演唱中运用的颤音，有时是表达一种特殊情绪时必要的方法。但如果发音不正确，发出了不均匀的颤抖而嘶哑的声音，使人听了感到刺耳，这就是方法不对头，也超过声带能力的范围了。不正确地运用声带，有时会出现声带小结、声带充血、声带肥厚、声带不能闭合等症状。这些病是常见病。

旧戏班演员十四五岁要过"倒仓"关，中年要提防"塌中"关，这多半是发声方法不科学，基础功不牢固，加上身体某方面不健康等原因所致，这些毛病都出在声带上面。

练发声应当有计划地进行。练习单音、练习小花腔、一个音一个音的颤音。多唱，唱难度大的唱段，从强音到弱音，练各种音阶、复杂的唱段和快慢板式，练习控制声音。练一段情感细腻的唱段，练习收音、放音，情绪起伏变化、延续拖长音、突然停断音、有意的颤动音。要练得能控制声音，使声音有能力表现各种复杂的感情。练颤音是很重要的，有的青年演员唱的不结实，声音发抖，字咬的不清楚。有的发抖成了演唱的毛病，就是练习不够，功夫不到。

练唱最重要的是练呼吸，也就是老话说的练好"气口"。老师从小教我要在小肚子部位用劲，练好丹田气。练武术师傅讲："练好丹田气，走遍天下无人敌。"丹田是指脐下一寸这个地方，换一口丹田气，唱时才有力。往往一段唱中间一个长拖腔的气口是规定好了的，不能随便换气。随便换气不但表达不了情感，而且会破坏情绪。

常讲有一条好嗓子还得会唱，怎样才叫会唱呢？会唱就是声带能灵活运用，松弛自如，唱得轻如鹅毛，重如倒海翻江。能不能唱出气势来，与呼吸控制得好不好有密切联系。

在唱的时候声带要合拢，让声带周围的肌肉都活动起来。呼吸得好，肌肉活动就正常，呼吸不好而紧张起来，就会使肌肉失去了平衡；舌头也前后不定，喉部整个紧张，不能控制声音，唱出来发抖，音阶不清，节奏不稳。练"啊"音、"依"音，这两个音练得灵活、拉长、短音、送音、住音，这都对喉头肌肉练习有帮助。练唱拖腔、练快板唱段，都能解决换气的方法。运用好呼吸自如，传情准确，咬字清楚。

在练唱时，还要注意哪里换气，哪里偷气，哪里不能换气。最重要的是在大甩腔前一定换一口大长气，让下边的甩腔丰满气足地表达出规定的情绪。演唱中每换一口气都是有目的的。

换气是演唱中很重要的一环。该换气而不换是不行的。随便唱，永远不能掌握技巧，也练不出演唱功夫，声带、假声带、声带周围肌肉都不能服从你的调动。

喉咙里的肌肉最敏感，它们的一切活动都受脑神经的支配，由神经传达到肌肉。因此练习时就必须在神经上有足够的主动性和信心。唱难度大的高音和唱腔，除了掌握住呼吸、发音行腔正确之外，还要靠意识上的信心，心里感到："我肯定能唱好，多高的唱腔我都能唱上去。"如果是自己音域内的高度唱不上去，那就是心虚，神经衰弱了。超过自己音域高度的唱腔唱上不去，那可能是腔的毛病。也有这样的例子，《四郎探母》中杨四郎唱的："站立宫门叫小番……"这句嘎调，有一位名演员在天津中国大戏院唱（那时我姐姐跟他一块唱戏），他这句"叫小番"没唱上去。后来他再到中国大戏院唱这句"叫小番"，仍是上不去。以后简直就不敢再到中国大戏院唱这出《探母回令》了。我自己也有过类似的情况，那是在一九五七年，我受了不白之冤，五八年演个反映炼钢生活的戏，里面有一句高腔，我心里害怕，就唱不上去。虽然不算太高，但由于神经衰弱，心虚了，一到这句我就不敢唱，多少次都唱不上去，总不敢开口。

有人说，好嗓子能唱出金属音。金属音，这是声带发出的最宝贵的音，主要的是共鸣要好。我们评剧讲究鼻音宽亮打远，也是指共鸣金属音好，刚、亮、宽，这是金属音显著的音色。作为一个演员应当全力以赴地唱出自己的金属音。使用不正确的发音方法唱出嘶音和沙声就失去了金属音了，这对一个演员来说是很重要的。也有人讲，某某的唱有烟卷味儿了，就是指声音不干净了。要保护好身体，正确发音，才能使金属音好听、音量打远、亮堂。

要练好共鸣，喉腔、咽腔、胸腔、头腔、鼻腔，都是起共鸣作用的部位，这几个部位有了毛病都会影响到共鸣。比如在唱低音腔时，别人用手去按他的胸部，就会感到整个胸呼吸都在振动，因为它在帮助声带发出纯厚的低音金属共鸣。唱低音是很费力气的，由高腔转到低音腔这个过渡是很吃力的。

有的演员嗓子条件不错，就是没有共鸣。那肯定是丹田、胸腔或是哪个部位有问题。要坚持练习，如果是声带基本条件不好，也就没有办法了。

声音的发出虽是从声带、软口盖的提高成一个小喇叭形时发出音来，舌部也是帮助演唱的很重要的部位。唇、齿、舌都应当经过训练，所谓嘴皮子功夫好，与练好舌功很有关系，唱出快板流利干净，要舌根控制，舌根能灵活自动伸平缩短，舌尖能左右上下卷动，舌尖扫上口盖进退自如，这几方面的练习都应当坚持。人们一般的印象，说薄嘴唇的人口齿伶俐，能说会道；但也不能说厚嘴唇就唱不好快板，只要练就能唱好。

练舌也要结合呼吸一起练，呼吸还是最主要的。人在平静时呼吸是自然的，但在演唱激动时是动起来的呼吸，因此就要有意识地去掌握呼吸了。呼吸也是换气，人们生气之后喘一口长气，累了伸个懒腰长出一口气，都是有意识地去呼吸，不是自然的呼吸。演唱时如何运用呼吸、换气口，就要根据不同的板式去进行不同的练习，使呼吸自然、舒展、平稳。

人在安静时的呼吸，需要的空气少，换气匀，但唱起来了，吸进的空气就不够用了，必须多换几口气。因为平时讲话用不着有意拉长缩短，但在唱时或说白话时都需要多呼吸空气，这时的呼吸是有意识的呼吸，必须练出气口和呼吸的准确性来。常讲"千斤话白四两唱"，话白运用气口更重要，更要练习，在练习呼吸当中找到有意识的换气呼吸，找到动和静呼吸的不同方法。

常听人说横膈膜，我以前不懂这是什么地方。人在演唱时需要大量的空气，平时正常呼吸只要横膈膜轮流做收缩松弛的动作，就可以供给足够的空气了，呼吸也平稳自如。但在演唱时，特别是唱激烈的腔调，表现强烈的情绪时，呼吸就比较困难。这时候除了横膈膜照常收缩外，胸部和两边的肋骨也都一齐提高起落，这时呼吸就很激烈，需要的空气多，肋骨两边都是弓形的，两肋骨展开了，胸腔空气容量就增大了；横膈膜在不断收缩，两肋骨提高各肌肉也在帮助收缩，横膈膜收缩就加快了。提起丹田气，通过横膈膜输送到胸腔到喉部振动声带闭合，声音在口里经过咬字才唱出来。

唱一段优美动听的唱段，还要具备韧性。可刚可柔，婉转自如；唱高音不噪，唱低音不闷，唱小腔灵活，唱快腔不乱，唱慢腔不断。古人讲珠圆玉润，就是说演员必须经过千百次练习，使各部位都随心所欲了，才能唱出内心的真实感情来，达到观众、演员都满意的地步，这是不容易的。

以上是我在几十年演唱中积累的一些不成熟的体会。这是通过实践和专家盛家伦同志不断的指点，才得到的这一点点的经验。限于我自己没有文化，水平太低，可能也有理解得不对的地方。经过上面说的各种练习，对我的唱很有帮助，解决了我在演唱中呼吸困难的问题，以及行腔发声、咬字送音等问题，还解决了高低音的过渡问题，使我的音域变宽了。

下边我再谈谈我练低音的一点体会：

我的中低音好，高音也够用。但在旧社会一天唱两场戏，什么都唱，对自己的嗓子不知道保护；平时胡乱喊叫，满不在乎，傻里傻气唱了这么多年，对嗓子是有一定损害的。盛家伦说我的嗓子音质很好，是一条很难得的声带，他不主张我唱又尖又高的音，他说一尖一高，就带上了俗气。他看我很认真，有计划地天天带我练声，用钢琴练。他是很好的男低音，运用西洋发声方法。开始很困难，但我硬是天天跟他练习发声，果然过了一阵，我的声音有了显著的进步，特别是我的中低音，越练越结实。

我以为我的低音是原来没有的，其实每人声带的音色都是先天的，高音、低音都是与生俱来的。盛家伦帮我练低音，练出功夫来了。原来我的声带音质就好，但是我不懂得那些道理。我的低音完全是盛家伦教我练习才有的，这是一个新发现，我太高兴、太幸福了。

记得一九五六年，有一位苏联专家医生来中国，他是有名的喉科权威，是专门给演员看喉部病的医生，当时国家把他请了来，为我们很多演员看嗓子，如郭兰英、李少春等人都经他看过。我演《杨三姐告状》，他在看戏时听出我的声音有毛病，便到后台为我看声带。他看完很激动，这位老大夫说："我看新凤霞声带的结构和世界著名男低音歌唱家夏里亚平完全一样，这是一条难得的好嗓子，但是现在她长了一个声带小结，完全是过度疲劳的结果！现在她必须休息。"

这个老专家彼得罗夫，一生中为许多世界著名歌唱家都做过喉部的检查和治疗。他第二天就把我的声带的构造画了图，送到中央文化部，并且写了一封信，又一次提到新凤霞的声带结构和夏里亚平相似。信中开列了他的治疗方案，他不主张动手术，只允许做颈部按摩，并且亲自找到我国的喉科权威医生徐荫祥，教给徐大夫按摩的方法。我当时听从领导的决定，停止了演出，休息了一段时间。我只得过这一次声带小结，经过休息和治疗完全好了。致病的原因，主要是由于新排老戏《杨三姐告状》，我过多地追求老一辈演员悲壮慷慨的唱法，过多地使用了老调子高腔；另外一个原因确实是演唱太多，过度疲劳，忽略了家伦给我的指导。

从此，我的中低音演唱越唱越巩固，一直没有再出现过哑嗓子或声带出毛病的情况。主要是我对自己声带有了进一步的认识，演唱方法正确了。这个时期，盛家伦有计划地教我练声，又请同仁医院徐荫祥大夫为我做各种治疗，我的声带从此一直保持光亮，唱多少也不变声音、不觉疲劳。

我从小跟姐姐学过京剧的小嗓，十三岁学了评剧，但我从小大嗓小嗓什么都唱。学了评剧，讲究唱高调尖音，从不练低音。可自从我跟盛家伦学习西洋发声方法后，不但我的低音得到发展，而且高音也更宽亮了。直到现在我重病以后，我的声带仍保持着光滑，低音还是很结实，这也是把西洋发声方法运用到中国民族戏曲演唱中的一例吧！

我从小唱戏就打下了结实的演唱基础。记得小时候在天津大舞台跟姐姐唱戏，散了戏我在后台给张德发老师唱老生，唱花脸，唱京韵大鼓，唱小嗓《女起解》。姐姐一看见就打我，说我胡唱，骂我是要饭的。可张德发老师说："小凤什么都能唱有好处。"我什么都唱，掌握了多种腔调：曲艺、京剧、河北梆子、山西梆子、河南梆子，很多兄弟剧种的曲调我都喜欢，都感兴趣，没事就唱唱哼哼，这对我的演唱确实是大有好处。对评剧的各种流派：刘翠霞的尖调高音、白玉霜的醇厚宽亮、爱莲君的甜润细腻，包括男演员唱旦角的粗嗓子细唱、大哭大嚎，我都能学得很像。

唱评剧先要学会评剧的基本唱功戏：我跟师傅先学会了《开店》《花为媒》《桃花庵》《占花魁》《夜宿花亭》《杜十娘》《王二姐思夫》《赵连璧借粮》《大赶船》《小赶船》等。评剧的原始唱法受梆子影响很大，连板式、节奏、锣经在使用上都完全一样。我小时候就会唱河北梆子,这对我唱评剧也有好处。

评剧基础打得好,练出了演唱功夫,在原有的评剧基础上再对各种唱法进行吸收,掌握住了评剧的韵味、行腔、咬字。除这以外,为了塑造好人物的音乐形象,首先要分析时代背景、人物的性格特征和内心活动,然后再有意识有目的地去改革曲牌,丰富原有的曲调板式,形成了以中音为主调,丰富、发展了高低音的新腔。"新社会的新评剧,唱新腔的新凤霞",这是很多观众对我的评语。我认为只有在新社会,我才能得到像盛家伦这样的专家前辈对我的苦心帮助,我才懂得怎样创造、怎样练习,这都是新社会给我创造的好条件。

我在排演新戏,或是改编加工老戏,对每一段唱都是细心地研究,深入体会角色。自己先想出调式、曲牌、板式,唱出调来,再和音乐工作者一起探讨。经过反复修改加工,最后经过我演唱才算定型,再去配乐。我的唱从来不是作曲家作曲的,我也不主张用作曲这个方法。

家伦同志对我说过:"戏曲演员从小学戏,掌握了剧种的基本曲调,要吸收外界的营养,但不要把自己的一套熟悉的唱法和唱腔扔在一边。音乐工作者去凭空创造这不好。演员自己体会人物,从人物出发唱出调来,再与音乐工作者合作,丰富营养,这样既不脱离传统韵味,又有新意。"我几十年来都是照这样做的。

盛家伦住一间大屋子,四周全是书,中国、外国的书,什么书都有,他真可说是博览群书,有学问,知识渊博。他孤身一人,一天到晚待在屋里就是不停地看书,也常常有人向他请教问题。他脾气不大好,不喜欢的人就不理人家。他的生活习惯也很古怪,一年四季床上都铺着凉席。一日三餐有一顿没一顿,买一个大面包,一块黄油,饿了吃一点,可以吃几天。他买了一大桶奶粉,打开盖子放在桌上,懒得用水冲,一边看书,一边用手抓着往嘴里送。他喜欢跟我聊天,了解旧社会贫苦艺人的生活经历。我问他："你给电影《夜半歌声》唱的那支歌，你认为怎么样？"他摇头说："不怎么样，我是随便唱唱，我很不满意，那时有那时的情况。"

他给我讲音乐家贝多芬的故事。说有一个公爵摆架子，叫贝多芬为他演奏。贝多芬说："公爵有什么了不起？世世代代到处都有公爵，可是贝多芬只有一个！"还给我讲贝多芬的不幸遭遇：疾病折磨贝多芬，可是他不屈服，因为他有一种坚强高尚的品德和骨气，才能做出杰出的成就。我从心里暗暗地佩服这位伟大的音乐家贝多芬。

有人说盛家伦的闲话，说他不上班，不写文章，还常跟人家发脾气，还有人说他学问虽大尽吃不拉。可我不这么看，他是个忠实于音乐事业的人。为了帮助我在音乐上提高，他先对评剧进行了一番调查研究。他去过东北，访问过评剧艺人倪俊生、金开舫、张凤楼；去天津访问过张福堂、董瑞海、杜洪宽、碧月珠等人。

我住楼下，经常有一些评剧界的老前辈来看我，如张润时、王先舫、碧月珠等。他们一来我家，盛家伦就把他们请上楼，在他屋里热情招待，准备丰富的水果、糕点，还录音，请他们讲评剧唱法。他对我说："我不多了解评剧，怎么能对你有帮助哪！"盛家伦看过白玉霜，听过刘翠霞，他认为都是时代的产物，而"你新凤霞要唱出新社会的新腔调来"。

家伦经常为我放唱片，不但放评剧名演员的唱片，京剧的、曲艺的、西洋的大歌剧都放。听完了他叫我跟他一起分析唱法，提高我的接受和鉴别能力。

最有意思的是叫我做"吸收练习"。就是听了唱片，由他指定，叫我学会唱片中的一段或一个腔调旋律，然后让我糅合到评剧的腔调中来，再录下音，叫我自己细听，有没有不调和、生硬的地方。这样反复练习，他说主要希望我在唱上有意识地把西洋乐曲运用在我的评剧唱段中，从而开阔眼界，得到帮助。

盛家伦对我进行音乐知识教育非常认真负责，比办公还严肃。有一回我们正在分析研究小彩舞的《红梅阁》和程砚秋的《荒山泪》。有人敲门，家伦叫来人进来。见我要走，说："不要走，还没有讲完哩……"客人是远地来访的，家伦对他说："我在工作，你改天再来吧。"就把客人打发走了，让我讲完自己的看法，他给我分析和讲解两段唱法的特点，直到把这一课上完。

盛家伦说："你的知识太少了。作为一个演员来说是很不够的。"我就天天抽出时间跟他学，有时我唱夜戏回来，盛家伦屋里灯还亮着，我也去上课。他领着我唱，他的嗓子是大低音，有强烈的共鸣。有次把画家黄苗子、郁风夫妇唱醒了，他们住楼下，上楼来问："你半夜里还给凤霞上课，吵得我们睡不着觉。"盛家伦不管，还叫我唱。

我就是在盛家伦的指导下，学会了融会贯通，能把京韵大鼓、京剧、各种兄弟剧种的曲调融入评剧中来。

家伦说："你要懂得点理论，但不要死背理论；要掌握技巧，但不要固执于技巧。要唱出人物内心的真实情感。"对于我的练习和进步，家伦很满意。他自己生活很简单，吃一片面包，喝一碗牛奶就行了。我这人是土包子，吃这种洋东西，总觉得不能解饱。可我在听唱片上课中往往饿了，要求下楼回屋吃饭，他不许，要我吃他的面包牛奶，我又实在吃不下去。后来祖光说："你为什么不让家伦来我们家吃饭呢？"这提醒了我，我们请家伦在我们家吃饭。为了我的学习，祖光还给我买了一块小黑板，我们家开了课堂了。

总的来说，刻苦练功，还要得法。要懂点理论，还不能让理论束缚了自己。要多学多唱，唱既然是语言艺术，就得练习发声咬字。在练习中，要针对自己的弱点，有目的地去练习；不要冷一阵热一阵、东一锤子西一榔头的乱学乱练，这样对声带不利，要受伤的。像盛家伦这样的著名音乐家，没有架子，耐心地指导我，领着我练习，这样的好机会太难得了。我虽从小唱戏，先天条件也好，可没有经过名师有系统的、科学的指点，只是在跟盛家伦学习的过程中，受他的严格教育，才使我得到了很大的提高。

我从学唱评剧开始，就觉得像刘翠霞这派专门唱尖音的唱法，一定要改。可那时的评剧必须唱高调，不唱高调，老师也通不过。虽然我早已尝试着改变唱腔唱法，但是总不够胆大彻底，也常遇到一些保守派的阻力。盛家伦同志的帮助，给了我立志改革评剧的力量。而且在他帮助下，后来我和不少音乐工作者合作，创造出许多新的板式、曲牌和唱腔。

我没有忘记盛家伦。他一生孤独，没有结过婚，也没有兄弟姐妹，生活没有规律，没有人照顾他。他在一九五六年因病去世，享年五十一岁。这位学贯中西的音乐家，全国解放以后，他在民族音乐研究所任专职的研究员。我知道他在专题研究东方的印度音乐，也在研究中国的古代音乐。他在研究一种叫作"埙"的古代乐器，是用陶土烧制的像梨的形状的一种乐器，他屋里摆了好几个。他的兴趣很广，无论是音乐、戏剧、绘画、雕塑、电影……都有深刻的理解，也有研究的计划，但是这些计划都没有完成，就太早地去世了。

对于我的指导和帮助，看来本不在他的计划之内，可是他却真正地培养了我，给我指出方向，领我走上一条创新评剧歌唱艺术的大道，他对评剧事业的贡献是不能磨灭的。

几十年以来，我的道路坎坷，不幸接连着不幸。但是我每前进一步，都怀念着我的这位严肃、清高、认真、直爽的老大哥、音乐家盛家伦。

第三部分

人生欣与戚

老舍先生为我和祖光做媒

一个人的终身大事是可遇不可求的，但我觉得基础很重要。基础如盖楼一样，根基打好楼房就无风险。一个人也是这样，从小打好基础就能经得起风雨。许多人一见投缘马上结婚，可没有多久就离婚。婚姻可是终身大事，不能凭一时冲动，也许是我封建保守，对新时代不了解吧？

现在一般姑娘选对象先说："个头要一米八九，大眼睛双眼皮，会洋文，吃西餐。"吃是好办的，个头、面貌的标准却比较难，不能像捏面人似的照标准捏一个。找对象建立家庭应当有个尺子量一量，这标准要建立在事业上，还要有共同爱好、共同习惯和性格。

我和祖光近五十年的夫妻生活，坎坎坷坷走过来真艰难呀，要说我们两个共同点不少，可是个性和生长环境都有很大的不同。但我们基础好，几十年了，遇到多少风暴雷雨都没有动摇我们。

我和祖光在没有见面前已有了基础。那是四十年代，我在天津已是主角了，我爱看戏、看电影。记得在旧租界劝业场六楼天乐园唱戏，不出劝业场就可到三楼皇宫电影院看场电影。当时一九四六年上映的

《莫负青春》，由周璇、吕玉坤主演，十分轰动。里边有两支歌曲，一是主题歌《莫负青春》，一是《小小洞房》。我在演出中加唱这两首歌，就能上满观众。那时讲究在剧场大门外摆上一块黑板，写上"新凤霞加唱流行歌《莫负青春》《小小洞房》"。这部电影由吴祖光编剧、导演，陈歌辛作曲。这时我的脑子里已经有了电影名人史东山、蔡楚生、吴祖光的印象，他们都是我尊敬的有学问的名人，尤其是吴祖光。

劝业场后边有一个大剧场——北洋大戏院，常演话剧，记得有一个旅行话剧团，这团名角很多：唐若青、上官云珠、王云龙等。我抽空就去看他们的话剧，演出话剧《风雪夜归人》时，上官云珠给我的印象很深，她真好看！团长唐槐秋先生常到劝业场六楼来听我们的评剧，知道我是评剧演员。我们团的李福安、王度芳、杨星星、小侠影都和唐槐秋先生认识了，唐槐秋先生说："你们剧团演员不错，我介绍给你一个剧本《风雪夜归人》，你们演出后观众准喜欢……这个剧本是吴祖光写的。"又是吴祖光！

当时唐槐秋先生给我剧本时说："这个剧本我们演出时被禁了，你们演出会不会被政府发现？"这句话果然应了点。演出轰动，被当局注意了，忽然社会局来了通知，一张纸写了几个字："有伤风化禁演"。就这样，《风雪夜归人》停演了。戏虽停了，我们却都有个念想，我们演不了吴祖光写的剧本，但我们看过他编导的电影，几时有机会见到他本人呢？

新中国成立后，老舍先生为我介绍了吴祖光。福安大哥知道我这件事，十分高兴，他专程来京，支持我说："咱们当年演出吴祖光的《风雪夜归人》，哪想到能看到本人？你们成了两口子，这可是缘分啊。"

老舍先生关心地说："凤霞，你要抓住机会，不能错过，因为很多人在找对象，你们用不着我再介绍，双方都有了基础了。"我想，是呀，我不会错过这次机会，要自己主动争取。

老舍先生亲自为我和祖光做媒。听了情况介绍后，我和祖光彼此之间有了进一步的了解，但还有些阻力。祖光因刚刚从香港回来，电影局是新建的机关，东南西北来的专家、编导很多，但还都没有分配任务，祖光有机会看戏、逛琉璃厂买书。他是抗战时期离开北京的，旧地重返，对北京这文化圣地始终留恋在心，经常和同事们逛北京。

老舍先生对我关心，我也无话不跟老舍先生说。我不给祖光打电话，祖光也不打电话找我，老舍先生说："这不对！演员应当尊重作家，要联系……"我和祖光没有当面谈过心，都是他来看我在台上演戏，我下了台与他见见面，他却从不来后台。他越这样，我越觉得他有身份，不贫气。团里的演员扒着门帘看见祖光同电影界的编导们来看戏，就交头接耳大声小声议论，品头论足。有些人担心我结婚就要离开他们，说怪话："走吧，飞吧，香港……没有良心，是香港来的洋地方的人……"在后台他们指桑骂槐地甩闲话。

领导是反对这门婚事的，劝我说："凤霞，你是重点培养的青年演员，政治上你幼稚。老舍是从美国回来的，他对你关心也许是好意，可是他介绍的吴祖光是香港回来的呀！香港那个地方来的人靠得住吗？我们是对你负责，不能同意。"

戏班的好心人关怀："凤霞，我们从你十四岁就帮你唱戏，眼看你红起来的，眼看过你受苦受难，盼你嫁个好人，吴祖光是香港回来的人，那地方拍电影的人生活在花花世界里惯了。你现在是新中国的红演员，他看个新鲜。看够了，就一甩手六亲不认。走了，把你一扔，你哭都没地方装眼泪呀……再说领导这么重视你、关心你、为你着想，你可别让领导伤了心。"

听了这些烦心的话，我更想不通也无法解决，可又反倒给我添了力量，我定了心要见见吴祖光。

这时候，有件事真得求吴祖光帮助。全国青联开会，指定要我代表青年戏曲演员在大会上发言。我跟老舍先生商量说："我不会发言，不知怎么发，太难了。"老舍先生说："要找人帮忙啊！吴祖光跟你联系了吗？"我说："没有联系过。他来看戏，都是看完戏就走了，同很多导演编剧一样，都不来后台。"老舍先生说："吴祖光这人就是对什么事从不主动，你不找他，他不会来后台找你。我看你现在就打电话找他，让他帮你发言，他会诚恳帮你。"我说："不好，万一他摆架子不帮我，我不是丢人吗？"老舍先生说："不会，他不会的，他是个好说话的厚道人，帮你他会全力以赴的……"

我还不放心："我要请吴祖光来帮我发言，还叫人家来，我不能去看人家吗？"老舍先生想了想，说："要不你自己找他，他就住东城西观音寺《新民晚报》宿舍。""不行，我不认路，连天桥都出不了。"老舍先生笑了，说："真没想到戏都唱了这么多年，还不认路哇？那你就打电话叫吴祖光来你家吧。"

在天桥住的时候，我的领导李伯钊、张晓梅等大姐来过我家，她们都认识我二姨。伯钊大姐跟二姨说过：要管着凤霞，现在刚刚成立的新社会上有很多坏人，也有很多人喜欢凤霞，她接近的人要注意，你是她的二姨，要负责。二姨是善良而又历经苦难的家庭妇女，伯钊大姐说的话她记得清清楚楚，听说有先生来教我发言，她心里很紧张。

我们住的是一排房子，一明两暗，当中是堂屋，也是客厅，两边房我和二姨各住一间。二姨从来人起就开始留心注意，她见过老舍先生，又唠叨问："老舍先生不会教你发言啊？"我不跟她说是老舍先生给我介绍对象，二姨看我收拾房间那高兴积极的样子也明白些，可她不问也不多话，就是不进屋，老看着我。

一九五一年与吴祖光婚后的合影

二姨把唯一的一个烟灰缸摆在桌上,这是我专为老舍先生准备的,二姨说现在有学问的人都讲究吸香烟。我心想我不希望吴祖光吸香烟。头一次约祖光来我家,是老舍先生指点,二姨不知道主动请他来,要早知道她会说我不应该,因为她常说男女婚姻,都应当男赶着女,一个女人不能赶着男人!

当时新中国刚刚成立,单身男女很普遍,进城干部战争年代没空考虑生活问题,进城后成个家是工作之外重要的事。伯钊大姐为我介绍了不少,介绍得越多,我就挑选得越谨慎。二姨说:"凤啊,你可别挑花了眼。"二姨又说:"婚姻可是月下老人定。"我说:"迷信!"二姨很不满地说:"不,不是迷信,是真的,姻缘是前生月老定啊!"

外边天阴了,有点下蒙蒙小雨,我怕祖光不来了。我拉着二姨的手说:"二姨,您说教我的先生还能来吗?"二姨说:"我说能。看看天吧,要是有缘分,天会晴。"说着天还真的晴了,一会儿工夫太阳出来了!我赶快跑出大门,啊!天又阴下来,小雨又滴答上了。我站在台阶上,远远看见祖光骑着自行车正不紧不慢地顶着蒙蒙细雨向我们一号院这边来了。

祖光骑着自行车,看见我向他招手,赶快下了车。我说:"真是准时,刚刚九点。"我招呼着祖光把车停在过道上,让他进了北屋,早为他冲好了茶,介绍了我的二姨。我特别说:"吴祖光老师是从香港来的。"祖光说:"我是北京生北京长的。"二姨捂着嘴笑出声来:"怪不得说一口北京话。快坐,坐呀……"

二姨为了我们好谈话,把仅有的两把椅子放平,当中摆了一个老式的长方凳子,放上茶碗。二姨拿烟缸问:"抽烟吧?"祖光说:"不用,我不抽烟。"我心里十分高兴,我说:"我们家也都不会抽烟,可是客人抽烟自带,我们这儿只有烟缸子。"

两把椅子我和祖光各坐一把，祖光的手离我的手只有一寸多，他的手再向旁边伸就会碰在我的手上了。我低头看见祖光的手，皮肤白细，胖得显出一排小窝窝。而我的手干干巴巴、青筋暴露，这倒如二姨说的"男手如棉、女手如柴，都是有福的"。祖光这一双手印在我心中，是读书写字人的手。

双方停了一会儿，祖光问："什么事这么忙？我能替你做什么？"我把开会发言的事说了，请他帮我发言。祖光说："不……这不能，发言要自己发，可不能代替。再说发言内容必须由你自己讲才丰富。"我说："我不会讲，也从没有在大会上发言，是老舍先生出的主意，让我找您帮忙。"祖光说："那好，我怕是帮不好你这个忙，请说说你在天桥演戏的感受。"我说："大会还要我说贫民生活？"祖光说："对呀，你讲，我给你归纳几点就可以了。"

我说了很多，都是车轱辘话，祖光记完已十一点半了，祖光说："我回去给你写好，明天九点送来。"二姨说："来的先生在我们家吃饭吧，我做好了。"祖光说："不，我请你们出去吃。"我说："哪能呀，我请您来帮忙，我怎么能让您请客。"祖光说："就在对面胡同有个小馆'恩成居'，我请你们吃一道名菜——清炖甲鱼。"我说："我二姨从不出门吃饭。"二姨说："对，我从不出门去吃饭馆，凤霞去吃吧。"

我和祖光出了大门，过马路进了"恩成居"。老板、伙计看我来了，热情地招呼："新老板来了，我们这个饭馆是梨园界最喜欢的饭馆，梅兰芳先生每星期最少来两次，不来也叫菜让我们给送去。程砚秋先生也常在这里请客。"

这次吃饭我抢着付钱，我说："我必须付钱，我在旧社会听人说请戏子吃饭的都是为了找便宜，我这次是请您帮我忙，您就让我付钱吧，不然您就成了来找我便宜开心的了。"祖光听我这么说，不好再抢付钱了，他说了好几次："下次我请，下次我付。"

我住的房子大门临街，我的睡房有一排窗户临街，我每天演完夜场戏回家，习惯看看窗。这天，散了戏往家走，习惯地向窗口望去，啊！怎么我的窗子亮着灯？平时我不回家，我的屋从不开灯。

进了门，二姨热情地说："凤霞啊，教你的那位先生刚刚走，看人家多么细心啊，瞧！给你挂好这个新蚊帐，人家自己带来钉子、挂钩、锤子。哎呀，搬桌子，又摞上板凳，上上下下好忙啊！挂好就走了，连口水都没喝。这位先生可真好，你可别三心二意了。"

原来祖光为我挂蚊帐来了，这人，也不告诉我一声。好讲究的珍珠罗蚊帐！这一夜我睡在帐中，想着从旧社会就被我敬重的吴祖光，他怎么会来为我挂蚊帐呢？我真有福！

闷在帐子里睡觉，但怎么也睡不着，到院子里走了一圈，回来才睡下。北方人不用蚊帐，也没有这个习惯，结果又遭蚊子叮咬。原来我出来时没有把蚊帐拉好，这下蚊子吃独食了，把我的脸、胳膊、腿脚咬了无数的包。把二姨也闹起来了，二姨说："我就知道你一定闹得睡不好哇！"

早八点刚过，我跑进王奶奶小铺，王奶奶问："大姑娘，你还要洋蜡吗？"我没有心思听王奶奶问话，点头说："要。"就买了两包洋蜡，王奶奶十分聪明，把电话摆在小桌上，拉过椅子让我坐下，我们不言而喻。拨电话，正是祖光的声音，只听他问道：

"有什么事情吗？"

"我又被蚊子咬了，满脸、满身的包……"

"你不是睡在蚊帐里了吗？"

"蚊子进了蚊帐了，独咬我一个。"

三十二岁摄于北京（1957年）

一九五七年与吴祖光

"你应当用扇子赶走蚊子,再进蚊帐。"

"我没有睡过蚊帐,不知道这么多规矩呀。"

"好了,我下午去你家教你。"

"那好,我等你,准来呀!"

"我三点准到。"

当时我心里对祖光这人的脾气认识不透,说他对我十分热情吗,他又不是那么迫切,慢慢腾腾不够积极,可是他晚上细心地为我挂好蚊帐,又表现了他的积极。我要下决心跟他说出心里话。《刘巧儿》里有一句台词:"当面锣,对面鼓。"对,我要跟吴祖光"当面锣,对面鼓"。

那天吃中午饭时,文艺处通知我要两点半开会,可下午祖光要来我家,我已约好他了。二姨说:"不要紧,我告诉先生你开会工夫不长,一会儿就回来。"我想让祖光等我,主要是谢谢他为我挂蚊帐。我想应当写个小纸条,表示尊重人家。我撕下一张台历写:"祖光老师,我去开会,你在家息休吧。凤霞。"

写完条我去开会,祖光准时来了。二姨把条交给他。祖光又给我写了一个条:"凤霞,休息,不是息休。"这是我头一次给祖光写字。祖光没等我回来就走了,我回家听二姨说:"先生看了你的条子,说有事走了。"我心里十分失望,埋怨祖光这人不理解我。为了这个蚊帐,怎么这么难谢他啊。蚊帐过了近五十年仍是那么好,崭新光亮,珍珠罗透明。"文化大革命"中被抄走,后来又回到我手里。我写的那个小条"你息休"祖光还留着,有时看看很好笑。

我们开始恋爱了。

祖光同我在一起时,他问:"你在北京可去玩过什么地方?"我说:"什么地方也没有去过,日夜演出,哪有时间玩啊?"他说:"去北海吧？"正赶上因下大雨剧场漏雨回了两天戏，我便同祖光去了北海。北海的工人对祖光十分熟悉热情，原来当年主办北海公园的人是我的公公——吴景洲先生，他老人家是故宫博物院的创始人之一。

祖光走过划船组，几个工人围过来，热情拉扯着祖光划船，我从来没有划过船，也很想划，可又不敢，见水害怕。我和祖光被热情地推上了船，祖光划船，我坐在船头。一会儿一位姓陈的北海工人也上了船，帮忙划了一圈儿。

祖光陪我和这位工人师傅去"仿膳"吃了饭，头一次吃肉末烧饼，很好吃。祖光和这位工人这么亲近友好，他坦承、随和，和什么人都谈得来，给我留下了深刻的印象。

一个人有名望、有地位都是虚的，真正的他是在实在的生活当中。这次我与祖光一起，看到了他是那么平等热情地待人。他怎么会有这么多朋友？

为他送信、照顾他生活的一位年轻人陈玉华对我说："我父亲原在吴老先生家工作，北海船坞是吴老太爷派我父亲创办的。抗战了，吴先生一家离开北京到南方避难。新中国成立后，吴祖光先生回到北京专门找到我家，为我们解决困难，还让我为他暂时做点事，以后再为我找个工作，吴祖光善良待人是有家传的。"

一个人在有能力的时候能帮助需要帮助的人，是不简单的，一个人主演大红大紫的角色时，能想着小角色也是不容易的，而一个领导能想着部下更是很不容易的啊！这是一个人的品德。

很多人都讲祖光为人大方、宽厚，特别是老舍先生，对我讲的最多。我也感受到了北海工人对祖光的热情。有的男人小手小脚，凡事都要算计、计较。好男人应当拿得起放得下，有点气派，祖光让我很满意。

老舍先生给我讲了一个祖光的故事：在四川重庆，有一个小青年为祖光搞卫生、送稿件等。这个小青年从乡下来大城市，什么也没有见过，总是光着脚。祖光看他可怜，把一双半新的皮鞋送给他。这小孩不懂穿皮鞋分左右脚，他穿倒了，一天下来脚疼得要命："哎呀，我好难过。"祖光看他疼得可怜，帮他揉脚，又告诉他穿鞋要分左右脚。老舍说看见小青年坐在床边，祖光蹲在地上，双手给小青年揉脚。我体会到祖光的为人，在他心中，人都是一样的。我想想这事，又看到祖光和北海园工的亲密无间，深深认识到祖光是少有的好人。

恩爱夫妻

祖光果真是个有心人。他在东单西观音寺栖凤楼早已租下一排五间房子,房前一棵大槐树遮住西晒的阳光,夏天也十分阴凉。他把邓季惺大姐替他买的家具取回,摆放得十分雅致。这时我才知道这个书呆子还真是个细心人,特别是他去东单委托木器店为我买了一张小巧漂亮、红木雕花大理石面的书桌。书桌旁边还有一个摆满了书的书架,这是我头一次拥有书架。他告诉我,这都是为我学习和写作准备的。我这个没读过书、认字没几个、从小学戏流浪江湖受尽苦难迫害、任人看不起的女艺人,不但有了家,而且还有了书和这么好的书架、书桌!当时的心情真像在做梦。我太幸福了!

结婚是很简单、很正常的事,婚后怎样安排生活、工作可是一件大事。祖光当时是文化部电影局编导,结婚第二天,他就去电影局上班了。我也紧跟着去演出了,因为那是私营公助的剧团,一切经济自负。我是主演,休息一天就是一天的损失呀!今天想来也真有意思,结了婚也一天不知道休息,照常工作很自然,没觉得有什么异样。个人没有要求,旁人也不新鲜。祖光当编导,出去体验生活拍电影,一去就是几个月不着家。结婚不久,他要去石景山当工会主席,一去就是一年多。那时他真忙,很少在家。在家也是日夜趴在桌上写呀写。我也同样要深入工、农、兵,到外地巡回演出,早出晚归。

结婚后,在祖光的影响下,我好像成熟多了,对事业、理想都有了更高的目标。当时我们首都实验评剧团在北京是上座率最高的,在祖光影响下,我提出建团为重、艰苦办团、不分红利,置办了灯光戏箱及各种设备,在前门外大马神庙胡同买了一所三进院子房作为团址。因为我们团是私营公助,自负盈亏,事情好办。由十个人组成的艺委会集体领导,我是主任、剧团主演、团长,什么事一商量就雷厉风行地办了。

这一年最大的事,是由我主持创办了团带评剧学校,我任校长。招了八十名学员,包括乐队、演员,各科班都是团里派人兼老师。这个团带戏校是解放后头一个培养评剧演员的团体。现在的刘姗、张淑萍、邢兆麟、焦佩华等活跃在评剧舞台上的主要演员,都是当时的学生。

祖光常常不在北京。黄苗子、郁风、盛家伦、张正宇、丁聪、唐瑜等朋友常常来照顾我。他们是我的良师益友,我们的家庭也是我的课堂。祖光是我的老师,他是严师,但和蔼、不厉害,因此我不怕他。和祖光一起生活,他帮助我懂得了很多知识。他对我说,无论唱什么角色,都要注意民族性和地方性,要用自己的语言传达情感,创造独特的人物形象。作为一个演员,最重要的是感情的真实,必须先感动了自己,才能感动观众。

从这时开始,我才懂得如何创造人物形象。我从小学的戏都是口传心授,不讲究人物的规律、顺序、内心和形体、声音的表现等等。我为了创造一个角色,先把唱腔唱给他听,他总是一点不客气地提意见。有时，我不高兴地说他太苛刻了。他说："我是观众，就要把我的真实意见提出来。"听到这些意见后，我的水平不知不觉地提高了。他在艺术上帮助我，非常耐心而直率，我也养成了无论表演和唱腔，不让他看看听听自己就不放心的习惯。哪怕他已很晚回家，很累很累的，我也是先让他听听看看我的人物设计。

星期天来的客人很多，有几位同志很有意思，一位是裱画师傅刘金涛，另两位是书店的魏广州和老吴师傅。他们都是祖光在常去的琉璃厂书店和画店认识的。魏、吴二位师傅是送书的。真怪了，祖光不单常去琉璃厂看书、买书，还要请这二位师傅送书。我不理解读书人为书怎么能迷到这种程度。祖光告诉我，有的书市面上买不到，而有的书在人家里却用不着，闲摆着。这几位送书的师傅串百家，就是为了让这些闲放着的书动用起来。他们来咱家送书，也把我用不着的书拿走，送到别人家去用。魏广州同志是琉璃厂学徒出身的老书店工作人员了。他每星期骑车来送书，都问我："新先生，您需要什么书吗？我可以替您找来。"我说："我文化很低，没有学问，就需要学习。为了学文化，我最喜欢的是字典。"魏广州果然给送来大大小小的字典好几本。如今我手里还有两本字典，一本是祖光送我的北京师范大学中国大辞典编纂处编的《学文化字典》，另一本是《新华字典》。这两本字典都是一九五二年商务印书馆出版的，我也是在那时得到的。

结婚后，我的生活环境自然变了。丈夫是书香门第出身的读书人，他的爱好、他的朋友、他的交往都和我这从小唱戏的不一样。家里的家具大多是书柜。我的嫁妆是数不过来的小人书，摆了一书架，我舍不得扔掉。祖光的书多得叫人花了眼，线装书、现代书……太多了，朋友也是我从来没有接触过的人。画家叶浅予、张光宇、张正宇、黄苗子、丁聪、郁风，老画家齐白石、于非闇、潘絜兹，他们是天天在一起的好友。当时刚解放,有的老画家还没有安排工作,生活很苦,如于非闇经济十分困难,祖光去看他,买他的画,为他向领导反映,要求照顾帮助,安排工作。

  领导人也像朋友般地交往。陈毅同志来找祖光,在大门口就喊"吴祖光"。还有夏衍、阳翰笙、盛家伦、史东山、蔡楚生、艾青、周扬。艺术家更多:金山、张瑞芳、秦怡、白杨、孙景璐等著名的电影演员,都是我过去喜欢的演员。跟祖光结婚后,和他们都成了朋友。在这群人中我又是戏曲演员,没上过学,但他们对我尊重,喜欢看我的戏。我从生活里也得到了学习提高的机会,像小学生一样从头学起。这个环境使我在舞台上天天有新的创造。但我的爱好也增加了。祖光为我买了字典,我看书、写字离不开字典,出门演出带着字典,就连受审查也带着字典,一九五七年我住娘家还带着字典,到如今字典仍在我身边。

  我们结婚后,祖光去石景山深入工厂体验生活,我不幸得了开放性肺结核病,吐血。旧社会生活太苦,来北京又日夜演戏,新社会私人班社也是天天演出,社会活动繁忙,宣传婚姻法去农村工厂、下部队宣传、演唱,又不能耽误业务演出,劳累过度我病倒了,每天发着烧还要坚持。经常是祖光陪我去协和医院看病,为我做病情记录,一天三次试体温。祖光每天早八点从石景山骑自行车赶回来,总是我还躺在床上,祖光就又提心吊胆地离家去石景山。金山和祖光同在石景山生活,他跟我说:"祖光真是太辛苦了,天天这么跑,无论下雨还是晴天,真怕他累坏了。真是好同志,刚刚从香港那种生活环境中回来,能这样为建设祖国任劳任怨去干,难得难得……"祖光在石景山工会工作,当工会副主席,什么宣传科研,什么家庭评比等琐碎事都要他去亲自处理。

  日子久了,祖光一星期回一次家,我的病需要住院,在协和医院治疗。后来祖光半月、一月回来一次。他工作出色，石景山领导由金山陪同常来协和看我，说："祖光是从香港回来的，放下香港的优厚待遇，回来后这么任劳任怨不要求任何待遇，太好了！少见呀！"我听了心里十分安慰。因为祖光是从香港回来的，又是从美国回来的老舍为我介绍的吴祖光，我剧院和上级的领导是不放心的。祖光在石景山干得这么出色，我也高兴啊！

我的班社是私营公助，所谓"公助"，是市文艺处派来一位干部领导工作，班社经济一切自理。我要演日夜场戏，星期天在天桥加早场，为了不忘天桥的观众，本来日场在天桥，夜场在城里，我身体不好了就星期日演一个早场。这时我身体虽不好，但最开心的事，是祖光在石景山与工人师傅一起创建了一号、二号大锅炉改进组、计划组、一条龙设计组等等。他不停地写呀，写呀，经常是他还没到家，电话就找来了，喊"吴工"回去。他在石景山穿戴打扮也和过去不一样了，从香港回来自然是洋派西装革履，到石景山穿工人布制服，十分朴素。我认为这证明了从香港回来的吴祖光是好样的，文艺处对吴祖光的看法是不对的。

老舍先生在北京市文联工作，在看我的戏时，跟我说："凤霞，祖光这么忙，还尽量照顾你，我很高兴，这证明我为你们办的这件事办对了。"

祖光为我写的第一个戏《牛郎织女》，是老舍先生建议让我请祖光为我写的，在民主剧场演出，十分成功。王度芳演哥哥，我演织女，张德福演牛郎，花艳茹演嫂子，杨星星演舅舅。这出戏在中南海小礼堂演过几场，中央领导都看过。老舍、艾青两位先生看后说："这出戏这么完整，文字这么讲究，评剧历史上是没有过的。"艾青对老舍说："你介绍吴祖光和新凤霞结婚，也给评剧增添了一位大手笔！"

只付出不索取

小时记得老百姓常说:"养活闺女可不能嫁给长子老大,小叔小姑一大群人,大嫂难当。"我却嫁了个老大吴祖光,他们弟弟妹妹一大群,我跟祖光结婚后,还有几个没结婚的,四妹、二弟、六弟、七弟等,还有在北京外交学院上学的小八妹。家里常住着小叔小姑,但我和祖光从来没有因这事争吵,更没因钱吵过。

吴家是书香门第,老公公年轻时是教英文的,不封建,婆婆是贤妻良母,虽是大家闺秀出身,可一直劳动勤奋。

记得二弟、六弟、四妹结婚,我为他们准备一切,还剪了双喜窗花。八妹每星期放假回来我都为她做好吃的,回校带炒酱走。冬夏衣服都是我替她准备。我是小大嫂,因祖光十个弟弟妹妹差不多都比我大,我们却相处得非常好。

用一件事就能说明吴家的弟弟妹妹们不自私。一九五四年,我们从上海把祖光的父母接到北京,让他们住在王府井帅府园马家庙我们的四合院内。公公婆婆带来的行李大部分是书画古董,这是老人一生的心血啊!都是价值连城的国宝,大大小小的元笼、箱子摆满了院子。

当时新中国刚刚成立，国家有困难，祖光向父母提出："这些都是国宝，私人不好管理，最好把这些东西全部捐献给国家故宫博物院。这些宝物需要专人管理保护，一年四季要通风晾晒。"公公婆婆满口答应，十个弟弟妹妹没有一个提出任何意见。

很快请来当时文化部负责文物的郑振铎、故宫博物院的唐兰两位专家协商，他们听说要捐献这么多，又是国家贵重的文物，都十分惊奇。记得郑振铎先生问："你们捐献这么多又这么贵重的文物，需要请人核价吧？"祖光回答："捐献给国家，分文不要。"

郑振铎和唐兰不久带了大批人来点收古董，箱子和元笼盒子在院里又摆得满满的、高高的。公公把祖光叫进房里对他说："这些东西既然咱同意捐献了，让来的人一件件一样样点收，写出清单立即拉走，千万不能丢失。"唐兰、郑振铎等一件件打开照了相，写了清单。

公公在屋里不出来，老婆婆在院里来回地边走边看，边用手摸摸。对我说："你公公对这些文物看得比命还要重啊！多少心血！在重庆逃避轰炸躲进防空洞，公公抱的不是孩子，而是这张吴道子的画。"又看到铜器、瓷器、用锦缎做套的古董，大大小小数不过来。朱砂红墨大的有一二尺，小的带金字的，都装在红木盒里。我一样也不懂，婆婆虽比我强，可也是这时才看仔细的。从婆婆脸上可看出她对这些东西是多么难舍呀！因为它们浸透了公公的心血！但她对儿子祖光、对丈夫是绝对服从的。

东西点检后被大汽车拉走了，有大批人保护。最后郑振铎和唐兰向公公道谢："吴景洲先生，您捐献了大批贵重文物，分文不取是为国添了光助了力！我们要在报上宣传您的爱国心。"

政协报上一大串向国家捐献文物的名单，书法家、文物鉴赏家吴景洲先生是头一名，捐献的一级文物二百四十多件。这些文物至今都在故宫博物院，有专人负责保护管理。

中国评剧院刚刚成立，国家建院是有经济困难的。祖光动员我：你的戏装、头面应当无条件捐献给国家，你是国家演员，过去是私人班社，对戏衣、头面、道具等必须自己准备，现在是国家的剧院，你留这些戏装、头面也没有必要。你捐献给国家还是你演出用，这些东西要保护晾晒，过去你雇私人为你保管，现在你参加了国家剧院，私人东西也雇不了人为你管理，留在手里是废物了。

祖光的建议我觉得是对的，我人都是国家的，这些戏装、头面、道具等私人是没有必要留的。于是，我在一九五二年就向领导提出把全部戏箱捐献给国家，记得是单位书记兼院长薛恩厚同志来我家，带来几位管服装、头面、道具的人点收。我从六岁学戏，十四岁唱主角，这些东西跟了我多少年，还有我姐姐杨金香给我的，头面是真德国双光钻石、活鸟点翠，能用灯光打闪出七彩光色来。戏衣绣活讲究闪光，金丝线都是真金，这份价值昂贵的戏箱捐献给剧院，分文我没有要。我连一条带子都没有留下，只留下了一双我从小练功绑在脚上的木跷，那时演花旦讲究踩木跷，就是小脚，男女花旦演员都练跷功。我从小受了不少罪练跷功，因此留下这副跷为纪念。

母亲从小带我走南闯北唱戏，为了保护这份戏箱，夏天通风晾晒，冬天怕压了，汗浸湿了怕冻了。她老人家对戏箱捐献给国家有意见，她说："祖光他办这件事我是不满意的，唱戏的流浪卖艺到处为家，戏箱就是我们唱戏人家的产业！祖光捐了他爹的国宝古董不算，又捐了我的两所房子，看看哪个唱戏的这么干了？不是有人卖了戏箱把钱存起来吃利息了？还有人卖了钱买了房吗？唉！摇钱树的闺女都嫁了吴家了，还心疼这份戏箱陪嫁吗？"母亲虽说心疼，也只有发发牢骚而已！

祖光身体很好，有点小毛病和检查身体就在附近的朝阳医院，他的合同医院在南城友谊医院，路远也没有车，太不方便。因此他从来没有享用过国家的医疗待遇，上医院都是自己付费。

到底年岁不饶人啊，他常骑自行车，我不放心。他去开会、看戏等活动，经常是自己坐出租汽车，因为单位车少，他从不麻烦单位的司机师傅。小事大事他都不占国家的便宜，他总说："自己能解决的就不要占用公家的。"

祖光为人正直，公平不自私。我被他的态度感动、征服了。

我的孩子

我总是三句话不离本行。戏词里有句念白:"不能治家,焉能治国。不能正己,焉能正人。"家庭的组成,也像个小国家。老老少少、父母儿女,都应搞好关系,互相负责。我和孩子爸爸,在那坎坷艰苦的日子里,精神、经济都有困难,想想过去,那真是咬紧牙关,拼出全身力气过日子,精打细算,掂量着每一分钱的用途。

父母是火车头,是孩子的主心骨。孩子爸爸在一九五七年被划为右派后,去了北大荒三年。双方的父母、一个瞎眼的舅父以及弟妹们都得照料,这副重担挑起来可真够分量啊!我这人从小就不会手背朝下向人借钱,我把每月的工资放进一个个信封,都分好份:家用的、婆家的、娘家的、舅舅家的、小妹妹在中国戏校每月零用的,都计划好。最重要的是儿女的教育费。祖光来信也常说最挂念的就是对孩子的教育。

那个时候,我们住在北京最热闹的地区——王府井帅府园一所四合院,前边有进小套院。这是孩子爸爸解放初期买的,里边栽种了很多树木花草。四扇门红漆金字:"新院生辉",是孩子祖父写的。院子墙上有爬山虎，月亮门上有盛开的藤萝，院中有葡萄架，最使人感兴趣的那些祖光亲手栽种的"凤凰树"，红花配上绿叶，一片片铺在房子上边，伸展的树枝上红红绿绿的，真是好看。各种果树年年丰收。大院子里数不过来的丁香、月季、玉兰、山楂、牡丹、山石盆景，南方朋友送来的米兰、仙人掌、樱桃掌、蟹爪莲、珍珠牡丹、君子兰，北房下两侧遮阴的海棠树等，随时都有新意。一进院子，一阵清香扑鼻。一九六五年我们院里昙花盛开，一个盆里开了六朵，晚上在院里摆满了椅子凳子，挂上大灯泡，请亲友来观赏。孩子们跳啊，拍手啊，高兴地说呀笑呀……满院子人喜气洋洋。

这个小天地需要人收拾。我闲不住，我们有空就浇花，剪枝，上肥。祖光夏天干活，手里拉着胶皮管子，从厨房接上水笼头直到前院，光着膀子给树木花草浇水，喷刷院墙，擦窗子玻璃等等。大人的行动总是影响到孩子们。祖光在干活，三个孩子也照着爸爸的动作跟着学，每人都拿着笤帚扫地。小女儿刚刚会走，摇摇晃晃地就拿着小喷壶浇花。下雨下雪，打扫院子就更有趣。

我们院中有两棵高大的海棠树，可能有几十年了，高过了房屋，在我住的外房门两侧一边一棵。这两棵树要精心照顾，每年都开满了一红一白的海棠花，很多亲友来时都摘花插瓶。我的大孩子钢钢胆小稳重，不大敢爬高上树。可是弟弟欢欢是个好动又不甘寂寞的孩子，他上树摘海棠，哥哥一一收好捆成把儿，送给亲朋、同学。小女儿也不闲着，把掉在地上的花，都拾到她的小篮子里。爸爸把好的花束都写一个字条别上，送给别人。每年的这一劳动也是好玩的。

浇花、扫院子，院当中有一个石板小桌子，还有一个乒乓球案子，孩子做功课都在小石板桌上。看书、写字、画画，是他们每天要做的。孩子们哪个犯了错误也不打骂，让他在一边看着别人干活，他们最怕不许跟大人一起干活。因此我们三个孩子都懂道理，不娇气，不耍混。我们家听不见骂人、撒野、不讲道理的。我有时有点过火儿，祖光马上制止说："注意影响啊！"

培养孩子的特长和爱好，也是我们非常重视的。大儿子钢钢从小喜欢玩机器，如闹钟他很感兴趣，老是翻来覆去地拆开研究，钟弦不知让他上断过多少次。每次拆开，一件件的零件摆了一桌子。他爸不让说他，总让他想办法再装上。当然有时能装，更多是让他搞坏了，装不上，但他爸总不许有人打击他的积极性。他连门上的锁都喜欢用螺丝刀卸下来。他还有一个爱好就是刻图章，祖母把祖父的一套很讲究的刻刀全部给了他。钢钢上小学时就能刻很像样子的图章了，他爸爸的很多朋友请他刻图章，为他买石头，送刻刀。他还喜欢集邮，我们为给他创造条件，让他去看很多集邮名家的收藏。夏衍同志的集邮爱好影响了国内外，祖光写介绍信，介绍儿子去夏公公家看邮票，他一去就半天，开心极了，回来又要讲半天他的收获。

孩子爸到东北三年，经济困难，但我也不在培养孩子身上省钱。给他们买小火车带轨道的，让他们研究火车开动的结构变化。我们条件受限，但大儿子喜欢摄影，需要器材，我们虽然只发十二块钱的生活费，但卖了东西也给孩子买。

在爸爸的影响下，孩子们喜欢看书，去王府井儿童书店是他们最开心的事了。三个孩子跳着蹦着进去看各自喜欢的书，我最后为他们交钱，三个孩子拿着自己挑选的书，那个高兴劲儿，做母亲的看着可开心了。最好玩的是他们看完书，还讲给不认字的老阿姨听，像个小大人的样子，学着爸爸给他们讲书时耐心的态度。

我为二儿子欢欢、小女儿霜霜请了京剧武功老师刘文亮。但欢欢有一副好嗓子，唱花脸，可练武功怕苦痛，没有练成。他八岁唱花脸一声："与驸马打座开封堂上！"真是感觉着房上震得往下掉瓦碴子呀。后来他去东北建设兵团八年之久，回来靠自修，学习导演写作。

小女儿霜霜喜欢画画、看戏、看戏人，也爱看女孩子跳皮筋。霜霜五岁练基本功，撕腿下腰、起霸、马趟子都不错。在幼儿园就是小演员，在电视上经常演唱，上小学又是宣传队的队员。她画的画大都是类似妈妈演戏的古装美人儿。七岁在青少年画展时得过奖，但她最喜欢的是唱戏。当时时兴样板戏，她唱《红灯记》李铁梅，留长头发，梳一个小辫子，边唱边做手势身段，还都做得很像样子。但有一次她演出回家，忽然一声不响地拿起剪子，把她心爱的长辫子剪掉了。向我们说："再不唱戏了。"原来她演唱李铁梅，谢幕时有人把她一人拉下场，不许谢幕，说她出身不好。小孩子受这样的刺激，她决心不唱戏了。

因为父母的原因，不许她升中学，她并没有闹情绪。她说："不让上中学，我自己也能学！"我为她请了英文老师毕玉坚大姐。请了中文老师为她补习中学课程。霜霜非常用功刻苦，只用了一年工夫她就掌握了中学全部课程。后来"四人帮"粉碎，她的六叔叔吴祖强建议拜著名歌唱家郭淑珍为师，开始学唱歌，早晨她就到郊外拿着扩音器去练唱。为了让她练钢琴，她在音乐学院当教授的六婶教她钢琴，对她非常严格。经济十分困难，我就卖掉了家具，凑钱为霜霜买了一架星海牌钢琴，霜霜天天趴在钢琴上苦练。

全国第一次音乐高考，霜霜以优异的成绩考上了中央音乐学院。一位美国著名歌唱家在中央音乐学院公开教学，霜霜是当场四个学生中的第一名。她对霜霜非常满意，而且当场抱住霜霜说："你很像当年的我，你很有前途。"因为是公开教学，各大剧院、歌舞团都有代表在场听课，看见的人很多，上完课当天我就知道了。霜霜就是不爱宣

一九六〇年的全家福
(前排左起：儿子吴欢、母亲、女儿吴霜、婆婆、儿子吴钢)

扬自己,她从小就这样,入少先队、共青团,受到奖励从不自己说出,事后听别人说我们才知道。她不愿说出爸爸妈妈的名字,认为靠父母影响为荣没有好处,一切靠自立。

那次公开教学,当场拍了电视,在美国播放,产生了影响。这就为霜霜以后赴美国印第安纳州歌剧音乐学院打开了大门。这是一个美国很好的音乐学院,我们决定让她去,又担心她的英文。结果她以非常好的成绩考上了这个理想的学校。以后她常常来信说每次的考试成绩都很好,又要学多种语言,她来信说:"每一分钟都不能虚度。"

祖光在东北劳动三年,我每月都要给他寄一个木箱,里边装满了食物。孩子们和我一起装箱,小女儿装进她的糖,小手装啊装啊,说:"这是我给爸爸的。"大儿子装进心爱的笔记本,二儿子装进他新买的乒乓球,好让爸爸闲时能吃糖、写字、打球。

"文化大革命"十年,孩子爸爸又遭到隔离,我们的生活很艰苦,而孩子们却都学会做饭了,蒸窝窝头,吃咸菜,从不叫苦。这段时间最高兴的是每月可以给祖光送一次东西。我每次都要给他炒一大碗酱装瓶,这是八宝酱。每次都要先做好炒酱的准备:瘦肉末、桂圆肉、银耳末、味精、虾子、豆瓣酱。孩子们可感兴趣了,桂圆要剥皮,取出来切碎了。银耳泡开,也要切碎了。我让小女儿用一把小刀帮忙。二哥哥剥桂圆肉,边剥边吃,小女儿就说他:"哈,二哥边剥边吃,忘了这是给爸做酱的?"炒酱时三个孩子在一边,一样样地递给我,最后放白糖、香油,这一大瓶酱足够祖光吃上半个月的。每月送东西,小女儿都抢着跟我去,可是去了也不让见面。也不要紧,不管什么都分不开孩子疼爸爸的心哪!

直到"四人帮"被粉碎了,我们全家才恢复了政治名誉。孩子们也都大了,大儿子吴钢成了摄影记者,今年考了辽宁鲁艺摄影系。二儿子成了电视编导，小女儿她去了美国，虽唱洋歌但不离民族气节。孩子们都很努力，工作认真。大儿子生了一个女孩子，二儿子生了一个男孩子。祖光说："我们家品种齐全了。"

我们家如今和睦美满，经历坎坷过后，这份亲情是用金子也换不来的。